Gärtnern leicht gemacht

E. Kötter
Dr. C. Heynen
J. Böhringer

Gärtnern leicht gemacht

Buch und Zeit Verlagsgesellschaft mbH · Köln

Inhalt

Gartenböden umweltgerecht pflegen

Für die meisten Menschen ist der Garten ein Stückchen zusätzlicher Lebensraum, den sie gern nach ihren eigenen Vorstellungen gestalten und pflegen. Und jeder wünscht sich, daß die von ihm ausgewählten Pflanzen optimal gedeihen. Die Erfüllung dieses Wunsches steht und fällt mit der Qualität des Gartenbodens.

Bodenbearbeitung

Boden, Pflanzen und eine Fülle lebender Bodenorganismen bilden eine faszinierende Gemeinschaft: Der Boden bietet den Pflanzen nicht nur durch seine feste Konsistenz Halt, sondern versorgt die Pflanzen auch mit den lebensnotwendigen Nährstoffen. Wichtige Helfer dabei sind Bodenmikroben und Bodentiere, die auf unterschiedlichste Weise Substanzen ab- oder umbauen und sie für die Pflanzen verfügbar machen. In einem gesunden, lebendigen Gartenboden laufen unzählige Prozesse ab, die wir noch nicht alle durchschauen, die sich aber alle auf eine sinnvolle Weise ineinanderfügen. Einen gesunden Boden kann man nicht beliebig herstellen; seine Entwicklung dauert sehr lange, so daß es immer besser ist, ihn durch richtige Pflege zu erhalten, als seine Qualität mühsam wiederaufzubauen.

Den Boden schonend pflegen

Eine schonende und zugleich umweltgerechte Bodenpflege sorgt dafür, daß der Boden seine Aufgaben lange erfüllen kann. Schonende Bodenbearbeitung heißt, zum richtigen Zeitpunkt das Rechte zu tun. Eine Bearbeitung bedeutet auch immer eine Störung der Bodenlebewesen. Durch eine geeignete Bodenarbeit werden in der Regel wichtige Zersetzungsprozesse angeregt. Man muß nur darauf achten, daß der wertvolle Humus nicht zu tief in den Boden gelangt, denn dadurch wird die organische Masse (wie Blätter, abgestorbene Wurzeln oder Ernterückstände) weniger schnell abgebaut und steht dann den Pflanzen nicht ausreichend zur Verfügung.

Auf einem gepflegten Gartenboden wachsen gesundes Gemüse und dekorative Blumen

Der richtige Zeitpunkt

Im Herbst vor dem ersten Frost und während der Vegetationsperiode nach der Ernte kann das Umgraben mit dem Spaten oder das tiefgründige Lockern mit der Grabegabel erfolgen. Man lockert die Beetoberfläche entweder gleich nach dem Umgraben oder – was viele Hobbygärtner bevorzugen – im Frühjahr vor dem Bestellen des Beetes.

Umgraben

Für die Lockerung schwerer und verdichteter Böden sind der Spaten, aber auch die Grabegabel die wichtigsten Geräte. Beim Umgraben sollte man flach graben und größere Erdschollen zerschlagen. Zweck des Umgrabens ist:

- den Boden zu wenden und zu lockern,
- Dünger (wie Kompost oder Mist) mit dem Boden zu vermischen,
- Ernterückstände und Wildpflanzen zu beseitigen und
- im Herbst die Aufnahme von Feuchtigkeit zu begünstigen.

Der geeignete Spaten

Beim Spaten sind die richtige Länge sowie die Gestaltung des Stiels, des Griffs und des Blatts für ein optimales Arbeiten wichtig.

Der Stiel: Er sollte bis zur unteren Rippe der Person reichen. Am besten geeignet ist ungestrichenes Eschenholz, das angenehmer in der Hand liegt als gestrichenes Holz. Um die Lebensdauer des Holzes zu verlängern, kann man es mit Firnis oder Wachs behandeln. Der Stieldurchmesser sollte mindestens 35 mm betragen.

Der Griff: Ein Spaten mit einem T-förmigen Griff ist am leichtesten zu handhaben. Ein D-förmiger Griff ist ebenso wie ein Knopfgriff, den man beim Graben nur schwer drehen kann, etwas unhandlicher.

Ein IDEAL-Spaten erleichtert jedem Hobbygärtner die Gartenarbeit. Mit seinem feinpolierten, konisch gewalzten Blatt läßt er sich besonders leicht einstechen

Das Blatt: Es sollte eine flachbogenförmige Einstechkante (nur bei sehr harten Böden eher eine spitzbogige) besitzen, aus 2 bis 3 mm starkem gewalztem oder geschmiedetem Stahl bestehen und entsprechend der Körperkraft eine Größe von 28,5 x 18,5 cm bzw. 25 x 16,5 cm haben.

Richtig umgraben

Um ein Beet gleichmäßig umzugraben, beginnt man am höchsten Punkt des Beetes und hebt dort eine 25 cm tiefe, über die gesamte Beetbreite reichende Furche aus. Den Aushub bringt man auf die gegenüberliegende Seite der Beetfläche. Nach dem Ausheben der ersten Furche tritt man einen Schritt zurück und gräbt die zweite Furche genauso tief aus. Dabei wird nach jedem Spatenstich der Spaten leicht angehoben und die Erde aus geringer Höhe so in die erste Furche geworfen, daß die bisherige Erdoberfläche nach unten zu liegen kommt. Vorhandene Wurzeln liest man aus. So geht man Furche um Furche bis zum Ende der Fläche vor. Die letzte Furche wird mit dem Aushub der ersten aufgefüllt. Abschließend wird der Boden mit Grubber oder Harke »gekrümelt« (Ausnahme: im Winter umgegrabene schwere Böden).

Wichtig: Kompost oder Mist sollte jeweils nach Fertigstellung einer Furche dünn auf die Erdoberfläche ausgebracht werden, keinesfalls auf den Furchengrund.

Bodenpflege mit der Grabegabel

Die Grabegabel hat gleich mehrere Vorteile: Mit ihr lassen sich schwere oder verdichtete Böden ebensogut lockern wie steinige. Zum Arbeiten unter Bäumen und Sträuchern ist sie besser geeignet als der Spaten, weil die Baumwurzeln geschont

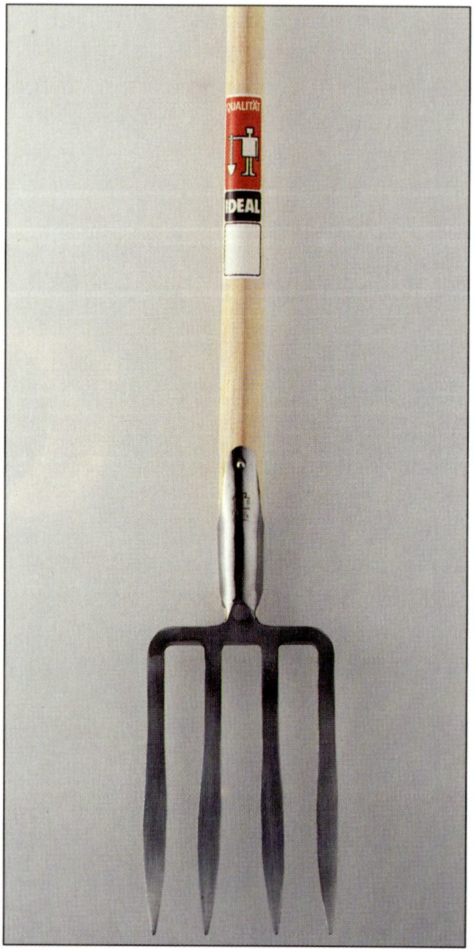

Mit einer Spatengabel kann man den Boden problemlos und schonend lockern

werden. Außerdem kann man sie zum Ausbringen von Kompost oder Mist verwenden und sogar zur Rasenbelüftung. Am häufigsten wird die Grabegabel eingesetzt, wenn man beim Lockern des Bodens die Bodenschichten nicht umkehren möchte. Dafür wird die Grabegabel schräg eingestochen und mit rüttelnden Bewegungen wieder herausgezogen. Man sticht in kurzen Abständen nacheinander ein und geht dabei rückwärts, um die soeben gelockerte Erde nicht wieder festzutreten. Zwischen dichtstehenden Pflanzen kann die Erde mit einer kleinen Handgabel bearbeitet werden. Wenn möglich, sollte man eher eine Grabegabel als einen Spaten zur Bodenbearbeitung einsetzen. Die Grabegabel sollte 4 bis 5 leicht gewölbte, spitz zulaufende Zinken haben. Ihr Stiel darf nur bis zur unteren Rippe der Person reichen.

Geräte zur Bodenlockerung

Grubber, Kultivator, Ziehhacke (auch Sauzahn genannt) und verschiedene andere Hackentypen sowie der Rollkrümler helfen, den Gartenboden zu lockern.
Zweck des Lockerns ist es:

- den Boden zu durchlüften,
- die Krümelstruktur zu verbessern,
- die Tätigkeit der Bodenorganismen zu fördern und damit die Zersetzung der organischen Substanzen anzuregen,
- Dünger einzuarbeiten und
- keimende Wildpflanzen zu entfernen.

Grubber und Kultivator

Das sind die wichtigsten Lockerungsgeräte für eine schonende Bodenpflege. Sie haben 3 bzw. 5 Zinken, die man in etwa 1 bis 4 cm Tiefe durch den Boden zieht. Kleinere Wildpflanzen werden dabei aus dem Boden gerissen. Auch Dünger kann man mit beiden Geräten gut einarbeiten. Durch die oberflächliche Bodenbearbeitung wird die Bodenstruktur geschont,

Grubber zum Lockern des Bodens

weil der Bodenaufbau erhalten bleibt.
Mit Hilfe des Grubbers kann man den Boden auf fast ideale Weise lockern, und es empfiehlt sich, diese Methode anderen vorzuziehen. Den Grubber setzt man am besten mit der Zinkenoberseite parallel zur Erdoberfläche ein, weil so der Kraftaufwand am geringsten ist. Man geht rückwärts und zieht dabei den Grubber durch den Boden. Bei mehrmaligem Grubbern kann die

Dieser handliche Qualitätsspaten macht die Gartenarbeit sicherer

Arbeitsrichtung um 90° gedreht werden, so daß eine Art Rautenmuster entsteht. Der Kultivator wird ebenso verwendet.

Die Ziehhacke (Sauzahn)

Eine besonders gute Tiefenlockerung des Bodens läßt sich mit der Ziehhacke, auch Sauzahn genannt, erreichen. Wird er in diagonalen Reihen über den Boden gezogen, benötigt man für die Bodenbearbeitung weniger Kraft als mit dem Kultivator oder Grubber. Selbst verdichtete, schwere Böden sind mit dem Sauzahn schnell hergerichtet. Auch Wildkräuter können mit ihm problemlos aus der Erde gerissen werden. Man läßt sie dann einfach liegen.

Hacken und Rollkrümler

Schlag- und Kombihacken eignen sich ebenfalls zum Auflockern der Bodenoberfläche, zum Einarbeiten von Kompost oder zum Entfernen von Wildpflanzen. Diese Geräte werden aber zunehmend von Grubber, Kultivator oder Ziehhacke verdrängt. Praktisch sind auch Rollkrümler; sie besitzen mehrere gezähnte Rädchen, die über den Boden hin und her bewegt werden und ihn dabei lockern.

Kartoffelprobe

Wer wissen möchte, ob sein Boden gepflegt oder ungepflegt ist, pflanzt am besten einmal Kartoffeln an. Wenn die Kartoffeln klein bleiben, sich wenig Kraut ausbildet und die Ernte gering ausfällt, ist der Boden weniger gut gepflegt. Bodenverdichtung und/oder Humusmangel könnten die Ursache sein. Bei gepflegtem Boden erhält man eine reiche Kartoffelernte von guter Qualität.

Qualitätsmerkmale bei einer guten Schaufel sind eine hohe Verschleißfestigkeit und eine normgerechte, perfekte Verarbeitung

Bodenverbesserung

Einen Gartenboden kann man durch die Zugabe von Kompost, den Anbau von Gründüngungspflanzen oder durch das Anlegen einer Mulchschicht verbessern. Diese Maßnahmen helfen, ihm eine bessere Struktur, mehr Humus, einen ausgeglichenen Wasser- und Lufthaushalt sowie insgesamt eine bessere Qualität zu geben.

Was ist Kompost?

Im Grunde genommen kann man die Begriffe Kompost und Humus gleichbedeutend verwenden, da es sich um organisches Material handelt, das mehr oder weniger abgebaut von den Pflanzen verwertet werden kann. Kompostiert wird schon seit langem, um den Humusgehalt des Bodens zu verbessern. Der Humus, als Teil der organischen Substanz im Boden, erfüllt eine ganze Reihe von Aufgaben:

- Er ist Träger und Förderer der Bodenfruchtbarkeit.

- Er bestimmt die Wasseraufnahmefähigkeit des Bodens.
- Er fördert die Bodenlebewesen und damit die biologische Aktivität.
- Er ist Voraussetzung für eine dauerhafte Erhaltung der Krümelstruktur und letztlich für die Gesundheit der Pflanzen.

Kompostieren

Zum erfolgreichen Kompostieren braucht man eine ausreichend große Fläche im Garten. Als Faustformel gilt: 5 bis 10 % der Gartenfläche sollten für den Kompost reserviert sein.

Der Kompostplatz: Dafür kommt ein schattiger, geschützter Ort im Garten in Frage, der nicht direkt unter Bäumen oder in der Nähe von Baumwurzeln liegt. Es sollte genügend Platz für die notwendigen Arbeiten – wie Umsetzen des Komposts oder Häckseln – vorhanden sein. Der ortsübliche Abstand zum Nachbargrundstück (beim Ordnungsamt erfragen) muß eingehalten werden.

Der Untergrund sollte aus natürlichem Gartenboden bestehen, da die abbauenden Bodenorganismen freien Zutritt haben müssen, was nur durch einen direkten Kontakt von Boden und Kompost gewährleistet ist; Beton oder Asphalt als Untergrund ist also ungeeignet.

Zum Kompostplatz hinführende, mit Stein oder Rasenplatten befestigte Wege erleichtern die Arbeit.

Ein gutes Kleinklima, dazu gehören ausreichende Feuchtigkeit, Luft und viel Wärme, beschleunigt die Umsetzungsprozesse im Kompost und fördert die Kompostqualität.

Kompostmaterialien: Geeignet sind alle pflanzlichen Abfälle aus dem Garten, zum Beispiel Hecken- und Baumschnitt (gehäckselt), gesunde Pflanzenteile aller Art, Laub- und Rasenschnitt (in kleineren Mengen), außerdem Küchenabfälle wie Obst- und Gemüsereste, Essensreste (nur in kleinen Mengen), Eierschalen, Tee- und Kaffeesatz. Verwenden kann man auch Materialien wie Sägespäne, Einstreu aus der Kleintierhaltung, zerkleinertes Holz, Asche und Mist.

Wichtig: Kranke Pflanzen darf man nie in den Kompost geben! Selbst durch kleinste kranke Teile kann man eine Krankheit im gesamten Garten verbreiten.

Grobes Material: Das ist wichtig für den Reifeprozeß des Komposts. Er muß ausreichend mit Feuchtigkeit und Luft versorgt sein. Ist er zu feucht, beginnt er zu faulen, ist er zu trocken, stoppt der Rottevorgang. Um solche Beeinträchtigungen zu vermeiden, muß genügend grobes Material, wie gehäckselter Strauch- und Baumschnitt, verwendet werden. Es hilft, vorteilhafte Bedingungen für den Rotteprozeß zu schaffen. Das Häckselgut bietet Mikroorganismen wie Bakterien, Pilzen und kleinen Bodentieren günstige Abbaubedingungen, sorgt für eine gute Sauerstoffversorgung und fördert die schnelle Verrottung.

Mikroorganismen und Tiere, wie Regenwürmer, sorgen für einen gesunden Boden

Mit einem leisen (84 dB(A)) Fräswalzenhäcksler kann das Astmaterial besonders umweltfreundlich zerkleinert werden.

Kompostmiete oder -silo?
Für den traditionellen Komposthaufen, der Miete, wird das zu kompostierende Material in Lagen zu einem »Hügel« aufgeschichtet. Um die Miete vor Wärmeverlust und Feuchtigkeit zu schützen, sollte man sie mit luftdurchlässigem Material (Jutesäcken, Rhabarberblättern) abdecken.
Die Miete muß mehrmals umgesetzt werden. Einfacher geht das Kompostieren mit den verschiedenen Kompostsilos, die im Handel angeboten werden.
Einen Kompostbehälter kann man sich aber auch aus Latten leicht selbst bauen. Wichtig bei allen Behältern ist, daß ausreichend Luft an den Kompost gelangt.

Mit dem praktischen Leisehäcksler kann man problemlos Gehölzschnitt zerkleinern

Im Fachhandel werden unterschiedliche Komposter angeboten

Kompost ausbringen
Durch das Abernten der Pflanzen werden dem Boden Nährstoffe entzogen, die durch den Kompost nachgeliefert werden können. Unsere Gartenböden enthalten etwa 4 % Humus; diesen Anteil zu erhöhen, sollte man sich zum Ziel setzen.
Faustregel für die Menge: Der Nährstoffgehalt im Kompost unterliegt größeren Schwankungen, so daß eine Überdüngung möglich ist. Empfehlenswert sind: 5 l Kompost pro m^2; das entspricht etwa einer 5 cm hohen Schicht.
Diese Menge enthält an wichtigen Nährstoffen: 5 bis 10 g Stickstoff, 5 g Phosphat und 15 g Kalium.
Man unterscheidet Reifekompost und Frischkompost. Beide Arten werden nur oberflächlich ausgebracht und leicht eingearbeitet, da es sonst zu Fäulnis und Wurzelschädigungen kommt.
Frischkompost: Er besteht meist aus Nährhumus, ist leicht zersetzbar, enthält viele Kohlehydrate und Proteine und ist daher energie- und nährstoffreich. Oft wird Frischkompost als Mulchschicht unter Sträuchern und auf Baumscheiben verteilt. Für gut durchlüftete Böden eignet er sich besonders gut.
Dieser angerottete Kompost kann bereits nach 2 bis 4 Monaten Reifezeit verwendet werden, für manche Zwecke jedoch ist er

ungeeignet. Nicht ausbringen sollte man ihn zum Beispiel: bei empfindlichen Stauden, Blumenzwiebeln und jeglicher Art von Neupflanzungen sowie bei allen Wurzelgemüsen.

Reifekompost: Je nach Kompostierart kann man nach etwa 12 Monaten mit reifem Kompost rechnen. Vermischt mit Sand läßt er sich für alle Kulturen, wie Gemüse, Blumen oder Sträucher, verwenden. Am besten wird er im Frühjahr oder unmittelbar vor der Aussaat bzw. Pflanzung oberflächlich eingearbeitet. Meist reichen 1 bis 2 kg pro m^2 (2 bis 3 l pro m^2). Bei schlechtem Boden oder der Neuanlage des Gartens können auch einmalig 10 kg pro m^2 ausgebracht werden.

Reifetest: Kressesamen in einer flachen, mit Kompost gefüllten Schale aussäen. Ist der Kompost reif, keimen und wachsen die Samen gut.

Bei Frischkompost gedeihen sie schlecht, und es zeigen sich nur gelbe Blättchen.

Hinweis: Komposte, die einen hohen pH-Wert haben, wirken einer Versauerung des Bodens entgegen. Sie können gesiebt oder ungesiebt als Substratbestandteil, Dünger und Bodenverbesserungsmittel eingesetzt werden.

Eine Mulchdecke aus Stroh schützt den Boden und hält die Feuchtigkeit länger

Mulchen

Eine weitere Möglichkeit der Bodenverbesserung ist das Mulchen. Es kann auch als Ersatz für Kompost angewendet werden. Mit dem Mulchen wird ein Vorgang nachgeahmt, der zum Beispiel natürlicherweise im Wald stattfindet. Dort bedeckt das Laub den Boden, wird von den Mikroorganismen und Bodentieren abgebaut, wodurch die Nährstoffe von den Pflanzen wiederaufgenommen werden können. Außerdem schützt die Mulchschicht den Boden vor zu starker Erwärmung, Austrocknung und Verschlämmung infolge heftiger Regenfälle. Bodentiere finden darin Schutz und Nahrung. Gleichzeitig werden nicht gewünschte Wildkräuter oder Unkräuter unterdrückt.

So wird gemulcht

Als Mulchmaterial eignen sich: Rindenmulch, Rindenhumus, Sägemehl, Stroh, Rasenschnitt, Laub und andere Zuschlagstoffe wie Holzfaserstoffe, Kokosfasern und Reisspelzen.

Nicht zu empfehlen sind: Styromull-Flocken oder Hydromull, beides Erdölprodukte. Sie haben keine Vorteile gegenüber organischen Stoffen, sind teuer in der Herstellung und einige Sorten durch ihre weiße Farbe optisch von Nachteil.

Jungpflanzen mulchen: Sobald die Pflänzchen 10 bis 15 cm groß sind, kann gemulcht werden:

- Zunächst gießt man den Boden zwischen den Pflanzen gut und lockert ihn eventuell mit einem Grubber oder Sauzahn.
- Danach wird das Mulchmaterial 3 bis 5 cm hoch locker auf dem Boden verteilt, dann gleichmäßig dünn mit Tonmineralien bestreut und bei Trockenheit mit Wasser übergossen.

Rindenprodukte

Diese Materialien, wie Rindenmulch oder Rindenhumus, sollten mit einem Gütesiegel versehen sein, das unter anderem garantiert, daß keine Giftstoffe aus Holzprodukten (zum Beispiel Lindan, Farben oder Lacke) darin enthalten sind. Rindenprodukte sind übrigens ein guter Torfersatz.

Rindenmulch: Er wird etwa 3 bis 5 cm hoch auf Beeten und Baumscheiben oder unter Gehölzen ausgebracht.

Rindenhumus: Er kann durchaus als Kompostersatz verwendet werden, weil er vergleichbare Eigenschaften besitzt. Er enthält sowohl Nährhumus als auch Dauerhumus. Die stabilen organischen Verbindungen (Humine, Huminstoffe) geben dem Boden seine chemisch-physikalischen Eigenschaften. Der pH-Wert liegt zwischen 5,5 und 6.

Gründüngung

Unter Gründüngung versteht man die Aussaat von Pflanzen, deren Aufgabe lediglich darin besteht, eine Verbesserung des Bodens bzw. des Bodenlebens zu bewirken. Da Gartenbeete nie unbedeckt der Witterung ausgesetzt sein sollten, empfiehlt sich die Aussaat der Gründüngerpflanzen in Anbaupausen, die länger als 6 Wochen dauern, in der vegetationslosen Zeit, also im Winter, oder bei der Neuanlage eines Gartens.

Der Nutzen dieser Pflanzen:

- Ihre Wurzeln lockern und durchlüften den Boden bis in größere Tiefen.
- Der Boden wird mit leicht zersetzbarer, organischer Substanz angereichert (zwischen 2 und 5 kg pro m^2).
- Tiefwurzelnde Pflanzen nehmen Nährstoffe auf, die den nachfolgenden Kulturen zugute kommen.
- Die Wurzelausscheidungen mancher Pflanzen, wie Brennessel, Knoblauch, Zwiebel, haben antibiotische Wirkung.
- Die grüne Bodenbedeckung besitzt ein günstiges Kohlenstoff-Stickstoff-Verhältnis (viele Kohlehydrate, viel Eiweiß).
- Nitrat wird gebunden und weniger stark ausgewaschen. In Schmetterlingsblütlern, wie Erbsen, Wicken oder Lupinen, kann bis zu 10 g Stickstoff pro m^3 Luft gebunden werden.

Aussaat: Nach gründlicher Bodenvorbereitung, wie Lockern und Bewässern, werden die Samen der Gründüngungspflanzen ausgesät.

In der nebenstehenden Tabelle sind die Aussaatzeiten für einige der bewährtesten Gründüngungspflanzen genannt.

Eine Gründüngung darf allerdings nur vorgenommen werden, wenn zuwenig Nährstoffe vorhanden sind (siehe Bodenuntersuchung Seite 16). Man kann sowohl im Frühjahr vor der Pflanzung, im Sommer zwischen den Kulturen und im Herbst nach der Ernte Gründüngungspflanzen aussäen.

Rindenmulch eignet sich nicht nur zum Mulchen, sondern auch als Belag für Wege

Wichtige Gründüngungspflanzen			
Name	**Aussaat**	**Boden/Kulturdauer**	**Hinweise**
Bienenfreund (*Phacelia tanacetifolia*)	März - August 2-4 g/m²	leichte bis schwere Böden, 6-9 Wochen	nicht winterhart, gute Bodengare, anspruchslos
Gelbsenf (*Sinapis alba*)	April - September 4-6 g/m²	alle Böden, 3-5 Wochen	nicht winterhart, rasch wachsend, nicht vor Kohl
Bitterlupine (*Lupinusarten*)	April - August 20-30 g/m²	Gelbe für leichte bis mittelschwere Böden, Blaue, Weiße für leicht saure Böden, 9-15 Wochen	nicht winterhart, Tiefwurzler, Stickstoffsammler
Sommerwicke (*Vicia sativa*)	Mai - September 20-30 g/m²	alle Böden, 6-8 Wochen	nicht winterhart, Stickstoffsammler, verträgt Frühfrost
Winterraps (*Brassica napus*)	August - Oktober 4-6 g/m²	alle Böden, bis Ende April	winterhart, Tiefwurzler, lockert Boden
Inkarnatklee (*Trifolium incarnatum*)	Juli - September 4-8 g/m²	alle Böden, schwach sauer	winterhart, tiefe Lockerung, Stickstoffsammler
Weißklee (*Trifolium repens*)	April - Oktober 4-6 g/m²	schwere Böden	winterhart, Stickstoffsammler stickstoffliebend
Saat-Esparsette (*Onobrychis viciifolia*)	April - September 30 g/m²	kalkhaltige Böden, bis Ende April	winterhart, Futterpflanze
DSV-Bio-Grün Saatmischung	März - September 10 g/m²	schnellwüchsig	tiefe Durchwurzelung, hemmt Unkraut
Gartendoktor Saatmischung	bis Juli 20 g/m²	alle Böden	Gemenge: Tagetes und andere Korbblütler
Rotenburger-Kombigemenge	Mai - August 20 g/m²	alle Böden	Gemenge: Blaue und Weiße Lupinien, Ackererbsen, Sommer- und Zottelwicken

Bienenfreund (Phacelia)

Gelbsenf (Sinapis alba)

Bodenuntersuchung

Eine professionell ausgeführte Bodenuntersuchung gibt detaillierte Informationen darüber, ob eine Unterversorgung, eine normale Versorgung oder eine Überdüngung des Gartenbodens vorliegt. Die sichersten Ergebnisse bekommt man, wenn man die Bodenanalyse von staatlichen oder privaten Bodenuntersuchungsanstalten durchführen läßt.
Mit Hilfe der Untersuchungsergebnisse kann man sehr viel genauer den Düngebedarf des eigenen Gartenbodens berechnen. Am besten läßt man alle 3 bis 5 Jahre eine Analyse machen. So hat man die Gewähr, daß sowohl die Zier- als auch die Nutzpflanzen optimal versorgt werden.

Bei Entnahme einer Bodenprobe sollte man darauf achten, daß bis in die Bearbeitungstiefe ein gleichmäßig 3 cm breites Bodenstück sorgfältig herausgestochen wird

Einzelproben sollte man unbedingt an mehreren Stellen im Garten entnehmen, dann gründlich vermischen und für den Versand in einen Folienbeutel füllen

Adressen von Untersuchungsanstalten sind im örtlichen Telefonbuch zu finden (oft unter der Bezeichnung „Landwirtschaftliche Untersuchungs- und Forschungsanstalt“. Auskunft bekommt man aber auch bei Gartenbauämtern, Pflanzenschutzämtern und bei den regionalen Geschäftsstellen des Bund Naturschutz (BUND).
Bevor man mit der Bodenprobe beginnt, sollte man telefonisch oder schriftlich bei der ausgewählten Untersuchungsanstalt einen Untersuchungsauftrag (ein Formular, das ausgefüllt werden muß) anfordern.

Bodenprobe entnehmen

Für die Qualität der Analyse und die sich daraus ergebende Düngeempfehlung ist eine richtige und sorgfältige ausfgeführte Probenentnahme ausschlaggebend.
Für die Entnahme benötigen Sie:

- einen Spaten oder Bohrstock (Reichweite bis 30 cm Tiefe),
- einen Eimer,
- ein Messer zum Entleeren des Bohrstocks und
- eine Plastiktüte für den Transport der Bodenprobe.

Die Entnahme: Günstigste Zeit dafür ist im Herbst vor dem Umgraben oder im Frühjahr vor dem Bestellen der Beete. Am besten geht man so vor:

- Den Boden festtreten und mit einem Spaten aus den obersten 0 bis 30 cm (bei Rasen nur 0 bis 10 cm) an mindestens fünf verschiedenen Stellen im Garten Einzelproben entnehmen.
- Dabei darauf achten, daß bis in die Bearbeitungstiefe ein gleichmäßig 3 cm breites Bodenstück herausgestochen wird.
- Alle Einzelproben werden in einen Eimer entleert und darin sorgfältig vermischt.
- Bei Dauerkulturen wie Obst und Gehölze auch die tieferen Bodenschichten (30 bis 50 cm tief) untersuchen lassen.

Bei Verwendung eines Bohrstocks sollte man 10 bis 15 Einzelproben entnehmen. Auch hierbei werden die Einzelproben in einen Eimer gefüllt und gründlich gemischt.

Versenden: Zum Schluß füllt man etwa 500 g des entnommenen, vermischten Bodens in eine Plastiktüte, kennzeichnet diese, und schickt sie zusammen mit dem (zuvor angeforderten) ausgefüllten Untersuchungsauftrag an die Untersuchungsanstalt.

Neue Methoden: Seit einiger Zeit befinden sich verschiedene PC-Programme auf dem Markt, mit denen man – mit, aber auch ohne Eingabe der Bodenuntersuchungsbefunde – optimale Nährstoff- und Düngermengen berechnen kann (zum Beispiel System OSGAR).

Es ist wichtig zu wissen, welche Nährstoff- und Düngergaben dem Gedeihen der Pflanzen nutzt. Hilfreich dabei ist eine professionell ausgeführte Bodenuntersuchung.

Gartenelemente umweltgerecht gestalten

Wege, Treppen, Terrassen oder Einfahrten prägen das Erscheinungsbild eines Gartens in hohem Maße. Dabei spielt das Material eine wichtige Rolle. Es entscheidet nicht nur über die Optik, sondern kann sogar das Kleinklima im Garten beeinflussen. Das bedeutet: je weniger feste Flächen, zum Beispiel aus Asphalt oder Beton, vorhanden sind, desto gemäßigter sind die Temperaturen und desto mehr Wasser kann gespeichert werden.
Zu Beton, Verbundpflaster und Asphalt gibt es eine ganze Reihe guter Alternativen, die zum Teil sogar recht preiswert sind.

Dekorative Beläge für Wege

Beim Anlegen von Wegen, Treppen, Terrassen oder Einfahrten sollte man einige grundlegende Dinge beachten:

- Wege im Garten sollten so kurz wie möglich angelegt werden.

Abflußwert (AFW)

Dieser Wert gibt an, wieviel Wasser oberflächig abfließt, also nicht in den Boden eindringt. Zum Beispiel bedeutet ein AFW von 0,3, daß von einer 100 m² großen Fläche das Wasser von 30 m² abfließen kann. Die restlichen 70 % des Wassers versickern im Boden. Je niedriger der Abflußwert, desto besser ist es für den Garten.

- Möglichst Material verwenden, das preiswert und am Ort erhältlich ist.
- Das Material der zukünftigen Belastung entsprechend auswählen.
- Der Untergrund sollte stabil angelegt sein. Für eine ausreichende Drainage ist zu sorgen. Auf den Abflußwert achten!
- Für einen guten Wasserablauf ist ein Gefälle wichtig, sonst schädigt stehendes Wasser Mörtel oder Kleber, in die Ziegel oder Steinplatten verlegt sind.

Wassergebundener Belag

Dieser Belag aus Lehm, Sand und Feinkies eignet sich für wenig begangene Wege. Er besteht insgesamt aus drei Schichten: einer 8 bis 12 cm starken Schotterschicht, darüber kommt eine 5 cm hohe Splitt-Kiesschicht und die oberste etwa 3 cm hohe Schicht besteht aus einer Lehmsand-Feinkies-Mischung. Als Pflegemaßnahmen genügen meistens gelegentliches Rechen und Walzen. Schließt der Weg seitlich mit Pflaster- oder Betonsteinen ab, können die angrenzenden Beete nicht beschädigt werden. Diese als Mähkante fungierenden Steine erleichtern auch die Pflege eines angrenzenden Rasens.

Rindenschrot

Der pflegeleichte Belag besteht aus gehäckselter bzw. geschroteter Rinde (Abflußwert 0,1 bis 0,2). Ein Weg ist damit schnell angelegt: Auf eine 10 bis 15 cm hohe Schotterschicht wird eine etwa 6 cm hohe Schicht Rindenschrot aufgebracht. Dieser Belag eignet sich gut für Gartenwege, die nicht naß sind. Wild- und Unkräuter kommen kaum auf. Rindenschrot gibt es im Gartenfachhandel oder bei Forstämtern.

Holzpflaster

Kesseldruckimprägnierte Holzpflaster (Abflußwert 0,5) werden bereits seit vielen Jahren für Wege und Terrassen verwendet.

Es gibt sie in unterschiedlichen Breiten und Stärken. Holzpflaster sollten auf einer Schotter- und Splittschicht ruhen. Die Zwischenräume füllt man mit einem Sand-Lehm-Gemisch. Die druckimprägnierten Hölzer sind leicht zu verlegen, brauchen kaum Pflege und halten bis zu 20 Jahren.

Schotterrasen
Dieser Belag (Abflußwert 0,2 bis 0,3) wird gern für gelegentlich befahrene Einfahrten und Stellplätze verwendet. Schotterrasen sind aus einer Kiessandschicht (5 cm), einer Schottersandschicht (5 bis 20 cm) und zuoberst einer Sand-Erde-Mischung (maximal 15 cm) aufgebaut. In die oberste Schicht wird eine Strapazierrasen- Mischung ausgesät. Gepflegt wird der Schotterrasen wie normaler Rasen, richtige Anlage vorausgesetzt. Bei ausreichender Bewässerung und Düngung sieht der Schotterrasen stets gepflegt aus, ist strapazierfähig und läßt sich sehr lange nutzen.

Holzroste, Holzpaneele
Dieser Belag (Abflußwert 0,2 bis 0,3) benötigt als Untergrund eine bis zu 20 cm starke Schotterschicht. Darüber wird eine dünne Splittschicht aufgebracht. Darauf gesetzte Kanthölzer bilden den Unterbau der etwa 5 cm starken Holzroste. Sind die Roste kesseldruckimprägniert, so halten sie auch bei geringer bis keiner Pflege lange.

Sandwege sind pflegeleicht, man braucht sie nur gelegentlich zu rechen und zu walzen

Rasenpflaster
Dieses Pflaster (Abflußwert 0,4 bis 0,5) gehört zu den ältesten Formen der Weg- und Einfahrtenbefestigung. Zwischen den Pflastersteinen aus Granit oder Sandstein sollte sich eine mindestens 1 cm breite Fuge befinden, in der Pflanzen (Gräser) wachsen können. Gepflegt wird ein Rasenpflaster durch gelegentliches Abmähen der Gräser. Oft wird der Aufwuchs durch das Betreten und Befahren niedrig gehalten.

Rasengitter aus Beton
Diese Gitter (Abflußwert 0,4 bis 0,5), auch Pflanzgittersteine genannt, sind in sehr vielen Varianten im Gartenfachhandel zu bekommen. Verlegt und begrünt werden sie wie Rasenpflaster. Wichtig ist, daß sich die Gittersteine und der umgebende Rasen auf einer Ebene befinden, damit ein müheloses Pflegen mit dem Rasenmäher möglich ist. Falls sich zuviel Splitt und sonstiges Material in den Löchern angesammelt haben, sollten sie ausgekratzt und mit guter Pflanzenerde gefüllt sowie mit einer Strapazierrasen-Mischung versehen werden.

Kesseldruckimprägnierte Holzroste sind langlebig und brauchen kaum Pflege

Rasengitter aus Kunststoff

Das sind Rasengitterplatten, die folgende Eigenschaften besitzen: Sie bestehen zu 100 % aus Recyclingkunststoff (PE-HD) und sind voll recyclebar. Sie können durch ihre Wabenstruktur einer Belastung von bis zu 200 t pro m^2 standhalten und eignen sich für alle befahr- und begrünbaren Flächen. Der Rasenanteil beträgt etwa 90 %, die Gittersteine sind nach dem Begrünen nicht mehr zu sehen, und die Fläche kann wie ein Rasen gemäht oder vertikutiert werden. Das Befahren hinterläßt keine Spurrillen.

Drainagesteine

Diese Steine ähneln den Verbundsteinen, haben aber größere Öffnungen, wodurch weitaus mehr Wasser versickern kann. Bei normalen Verbundsteinen sind es etwa 18 l pro m^2, bei Drainagesteinen versickern bis zu 72 l. Damit der Wasserabfluß gewährleistet bleibt, müssen die Fugen alle paar Jahre ausgekratzt werden. Trocken reinigt man die Flächen mit einer Kehrmaschine, naß mit einem leistungsfähigen mobilen Hochdruckreiniger.

Versorgung mit Wasser und Strom

Für die Bewässerung und Stromversorgung sind technische Einrichtungen notwendig, die geplant und am besten vom Fachmann sorgfältig ausgeführt werden müssen.

Wasser

Ohne Wasser kommt man vor allem in einem intensiv genutzten Garten nicht aus. Wenn möglich, sollte der Hobbygärtner Regenauffangbehälter aufstellen, um das für unsere Umwelt kostbare Naß zu sammeln. Bewährt hat sich die Regentonne, die man am Fallrohr aufstellt. Rohrzwischenstücke, sogenannte Wasserabscheider, sorgen dafür, daß auch alles Wasser aus der Regenrinne in der Tonne landet. Für größere Wassermengen sind Erdtanks mit Filter- und Pumpsystemen sinnvoll.

Wasser aus der Leitung: Neben dem gesammelten Regenwasser braucht man meist aber auch Leitungswasser, um den Wasserbedarf im Garten zu decken. In kleineren Gärten reicht es oft aus, wenn sich der Wasseranschluß im Keller des Hauses oder direkt am Haus befindet. Doch je größer der Garten ist, um so nützlicher wird ein Wasseranschluß, der an einer günstigen Stelle inmitten des Gartens liegt. Die dafür benötigten Erdleitungen, vom Hauptanschluß bis zum Wasserhahn, lassen Sie am besten vom Fachmann installieren. Ob mehrere Anschlußstellen nötig sind, hängt nicht nur von der Gartengröße ab, sondern auch von den vorhandenen Geräten wie Hochdruckreiniger, Regner für die Rasenbewässerung oder eine automatische Tröpfchenbewässerung.

Ein Anschlußstück, das ermöglicht, den Schlauch mit einem Griff zu lösen

Gartenschlauch: Ihm sollte man ein wenig Aufmerksamkeit schenken. Beim Kauf des Schlauches sollten Sie nicht nur auf seine Länge achten, sondern auch auf den benötigten Durchmesser, berstfeste Materialien, Knickfestigkeit und Verdrallsicherheit. Prüfen Sie zudem die Schlauchutensilien: Paßt der Schlauch auf den Schlauchhalter bzw. den Schlauchwagen? Sind die für die unterschiedlichen Gießzwecke geeigneten Endstücke, wie Brause oder Spritzpistole, vorhanden? Hierbei sind arretierbare Handhebel und Wassermengenregulierer eine sinnvolle Ausstattung.

Strom

Nicht nur für nützliche Gartengeräte, wie Rasenmäher oder Häcksler, spielt der Strom eine wichtige Rolle, sondern man kann damit auch Ziereffekte zaubern, zum Beispiel mit der Gartenbeleuchtung. Sie hat zudem eine praktische Bedeutung, weil sie die Nutzung des Gartens in den Abendstunden ermöglicht, für Laufsicherheit sorgt und sogar der Gartenüberwachung dienen kann. Natürlich gestattet sie auch einen gemütlich beleuchteten Sitzplatz. Wer die im Fachhandel vielfach angebotene Solartechnik nicht nutzen kann oder will, muß einen Fachmann mit der Installation der Stromanschlüsse beauftragen.

Der Gartenschlauch hält länger, wenn er auf einen Schlauchwagen gerollt wird

Sicherheitshinweise

Durch Strom oder Wasser verursachten Unfällen oder Beschädigungen können Sie vorbeugen, indem Sie Wasser- und Stromversorgungseinrichtungen ausschließlich vom Fachmann installieren lassen. Er kann Sie gut beraten, welche Zusatzgeräte (wie Lüftungshahn bei der Wasserleitung) die Sicherheit erhöhen. Aber auch bei den Elektrogeräten sind Vorbeugungsmaßnahmen möglich:

- Verwenden Sie nur Elektrogeräte, die TÜV-geprüft sind und das GS-Zeichen tragen.
- Benutzen Sie nur Geräte, die ausdrücklich für den Betrieb im Freiland geeignet sind.
- Achten Sie darauf, daß die Geräte für den vorgesehenen Zweck in der Größe richtig dimensioniert, wartungsfreundlich und einfach zu handhaben sind. Sie sollten nur das nötige Gewicht haben und möglichst leise im Betrieb sein (Beispiel: Bosch Leisehäcksler).

Tip: Fertigen Sie am besten einen maßstabgetreuen Plan an, aus dem hervorgeht, wo, wie, in welcher Tiefe, welche und wie viele Versorgungsleitungen und -anschlüsse verlegt sind. Damit ist nicht nur ein Überblick bei der Wartung gegeben, sondern so kann bei einer Nutzungsänderung eine Installation nicht in Vergessenheit geraten, überwachsen oder übersehen werden. Stößt man nämlich beim Arbeiten auf »vergessene« Anlagen, so kann dies zu teuren und oft auch zu gefährlichen Schäden führen.

Blumen richtig pflegen

Es gibt wohl kaum einen Garten, in dem keine Blumen zu finden sind. Sie sind es, die Farbe und Schönheit in den Garten bringen und oft sogar seinen Charakter bestimmen. Die Fülle der Arten und Sorten, die der Gartenfachhandel bietet, gibt jedem die Möglichkeit, seinen Garten individuell zu gestalten.
Ob Sommerblumen, Stauden oder Zwiebelblumen, alle haben ihren Reiz und ihre Vorzüge. Und wer bei aller Freude über die herrliche Blütenpracht nicht vergißt, auf die Ansprüche der Pflanzen an Boden, Licht und Pflege zu achten, kann den Blütenflor in vollen Zügen genießen.

Sommerblumen pflegen

Sommerblumen – dieser charmante Begriff hat sich eingebürgert als Bezeichnung für einjährige Pflanzen, die der Botaniker auch Annuelle nennt. Diese Einjahresblumen sind Pflanzen, die während einer einzigen Wachstumsperiode aus Samen heranwachsen, blühen und fruchten. Nachdem die Samen sich gebildet haben, sterben die Pflanzen ab. Für Hobbygärtner bedeutet dies, daß sie Sommerblumen jedes Jahr neu aussäen müssen. Doch die Vielfalt und Blühfreudigkeit entschädigen sie für diese kleine Mühe.
Erwähnt seien auch die zweijährigen Blumen, die im ersten Jahr nach der Aussaat nur Blätter bilden und erst im zweiten Jahr blühen, fruchten und dann absterben.

Mit Sommerblumen gestalten
Neben Blütenreichtum und Farbenpracht haben Sommerblumen noch einen unschätzbaren Vorteil: man kann sie für jeden gestalterischen Zweck verwenden. Sie verwandeln Beete in ein Blütenmeer, Rabatten in elegante oder bunte Blütenstreifen. Sie füllen problemlos Lücken in Staudenbeeten und steigern die Schönheit von Rosen und anderen Gehölzen, wenn man sie darunter pflanzt. Was immer Sie lieben, ob einen kunterbunten oder einen farblich sorgfältig aufeinander abgestimmten Blütenflor, bei diesen Blumen bleibt Ihnen kein Wunsch versagt.

Pflege der Sommerblumen
Die Ansprüche der Einjährigen werden von ihrem »schnellen« Leben bestimmt. Viel Licht und ausreichend Nährstoffe sind die wichtigsten Faktoren für ihr kraftvolles Wachstum und üppiges Blühen. Das bedeutet: fast alle Einjährigen benötigen einen sonnigen und warmen Standort. Manche geben sich auch mit einem halbschattigen Platz zufrieden. Der Boden muß für sie in der Regel durchlässig, locker und nährstoffreich sein. Ein gesunder, humoser Gartenboden ist ideal für diese Blumen.

Sommerliche Farbenpracht mit einjährigen Blumen: Leberbalsam, Studentenblume und Sommersalbei

Einjährige Sommerblumen			
Name	**Blütezeit, Wuchshöhe**	**Blütenfarbe**	**Hinweise**
Leberbalsam (*Ageratum houstonianum*)	Juli - Oktober, 10-70 cm	mittel- bis himmelblau oder weiß, auch altrosa	keine Staunässe, Verblühtes abschneiden, mittlere Nährstoff- und Wasserversorgung
Stockrose (*Alcea-Rosea*-Hybriden)	Juli - September, 160-220 cm	rosa, himbeer, purpurrot, gelb, weiß, auch zweifarbig	im Frühherbst pflanzen, Boden mäßig trocken bis frisch, nährstoffreich, durchlässig
Ringelblume (*Calendula officinalis*)	Juni - September, 30-70 cm	orange, gelb oder aprikosenfarben	gute Nährstoffversorgung, Verblühtes abschneiden
Sommeraster (*Callistephus-Chinensis*-Hybriden)	Juli - September, 20-90 cm	blau, lila, violett, rosa, karmin-, samt-, purpurrot, weiß, blaßgelb	keine leicht austrocknenden Böden, gute Nährstoff- und Wasserversorgung wichtig
Wucherblume (*Chrysanthemum parthonium*)	Juni - September, 20-60 cm	weiß oder gelb	Verblühtes abschneiden, gute Nährstoff- und Wasserversorgung
Kosmee (*Cosmos bipinnatus*)	Juni - Oktober, 50-110 cm	weiß, rosa oder karminrot	Boden frisch, kräftig, nährstoffreich, locker
Bechermalve (*Lavatera trimestris*)	Juli - September, 50-80 cm	weiß, rosa- oder karminrot	keine nassen Standorte, Boden nicht zu nährstoffreich
Männertreu (*Lobelia erinus*)	Juni - September, 10-20 cm	leuchtend enzian-, mittel- oder hellblau, weiß, rosa, teils mit weißem Auge	keine staunassen Böden, nicht austrocknen lassen, für zweite Blüte Rückschnitt am Ende der Blütezeit um ein Drittel
Duftsteinrich (*Lobularia maritima*)	Juni - Oktober, 5-15 cm	weiß, rosa oder purpurviolett	Rückschnitt verlängert Blütezeit, geeignet für Steingärten
Vergißmeinnicht (*Myosotis sylvatica*)	April - Juni, 15-30 cm	himmelblau mit gelblichem Auge	gute Nährstoff- und Wasserversorgung, Boden frisch

Vergißmeinnicht in Weiß und Blau

Kosmee (Schmuckkörbchen)

Trotz dieser Faustregeln, mit denen Sie nicht viel falsch machen können, sollten Sie sich natürlich über die Ansprüche der einzelnen Pflanzenarten informieren. Nicht außer acht lassen dürfen Sie den Wasserbedarf der Pflanzen. Viele lassen schnell die Blätter hängen und zeigen rasch welkende Blüten, wenn der Boden völlig austrocknet. Kann man eine ausreichende Wasserversorgung per Hand oder Gartenschlauch nicht garantieren, ist die Anschaffung einer automatischen Bewässerungsanlage vielleicht sinnvoll. Die für Hobbygärtner angebotenen Systeme sind erschwinglich und gut zu handhaben.

Gröbere Samen kann man gut in Einzeltöpfchen aussäen, dort bleiben sie bis zum Auspflanzen in den Garten

Die Sämlinge in den Saatschalen werden später pikiert und in kleine Töpfe gesetzt

Tip: Sommerblumen sind ideal, um sich als phantasievoller Gartengestalter zu betätigen. Wer sie nicht nur als Lückenfüller und dankbare Dauerblüher verwenden will, kann an trüben Wintertagen mit Hilfe von Zettel und Bleistift traumhaft schöne Beete planen, in denen die Farben und Wuchshöhen der Pflanzen aufeinander abgestimmt sind, und so ein harmonisches Gesamtbild erzeugen.

Sommerblumen selbst ziehen

Viele Einjährige werden im Gartenfachhandel als Jungpflanzen angeboten. Man muß sie nur noch in den Garten pflanzen, und dann dauert es nicht mehr lange, bis sich die ersten Blüten zeigen. Der Pflanztermin sollte allerdings nicht vor Mitte Mai (nach den Eisheiligen!) liegen. Spätfröste vertragen diese vorgezogenen jungen Pflanzen nämlich nur schlecht.
Sehr preiswert und ohne allzuviel Aufwand kommen Sie zu einem üppigen Blütenflor, wenn Sie die Blumen selbst ziehen. Dafür gibt es zwei Möglichkeiten: Sie säen die Pflanzen direkt ins Freiland aus, Mitte bis Ende Mai, in jedem Fall wiederum nach den Eisheiligen.
Sie können aber auch die Pflanzen im zeitigen Frühjahr im Haus oder im Gewächshaus warm vorkultivieren.
Tip: Die genauen Termine für warme Vorkultur oder Aussaat ins Freiland finden Sie auf der Rückseite der Samentütchen. Dort stehen auch weitere wichtige Informationen zu Ansprüchen und Pflege der Pflanzenart. Die Lektüre lohnt sich!
Aussaattips: Im Gartenfachhandel finden Sie alles, was Sie für die Vorkultur und Aussaat von Pflanzen benötigen – von Aussaatschalen und -gefäßen aus unterschiedlichen Materialien über Pikierstab bis hin zu Minigewächshäusern und Wärmematten. Wichtig ist, daß Sie die Aussaatgefäße warm stellen und die notwendi-

ge Abdeckung zum Lüften regelmäßig anheben, um Pilzbefall vorzubeugen. Nachdem sich das erste Blattpaar (nach den Keimblättern) entwickelt hat, werden die dichtstehenden Sämlinge pikiert und in kleine Töpfe gepflanzt. Zum geeigneten Zeitpunkt setzen Sie die Jungpflanzen in den Garten.

Stauden richtig pflegen

Dauerhafte Blütenpracht bringen Stauden in den Garten. Diese mehrjährigen oder ausdauernden Pflanzen bieten eine überwältigende Artenfülle. Vom Winzling mit einer Wuchshöhe von nur 5 cm bis hin zu meterhohen Blütenschönheiten ist in dieser Gruppe alles anzutreffen, was Ihren Garten hübscher macht. Bei den meisten Stauden sterben im Herbst die oberirdischen Teile ab, die unterirdischen Organe überwintern unbeschadet im Boden. Im nächsten Frühjahr treiben sie neu aus.

Planen Sie richtig

Stauden bestechen durch ihren jährlich wiederkehrenden Blattschmuck und Blütenflor. In dieser riesigen Pflanzengruppe sind die unterschiedlichsten Arten mit stark voneinander abweichenden Ansprüchen an den Standort vertreten. Hilfreich für die richtige Pflanzenwahl ist die Tatsache, daß alle im Handel erhältlichen Stauden bestimmten Lebensbereichen zugeordnet sind. Diese Zuordnung ist der langjährigen Tätigkeit der Arbeitsgemeinschaft Staudensichtung zu verdanken.

Lebensbereiche der Stauden

Die handelsübliche Einteilung in Lebensbereiche umfaßt 8 Gruppen:
Wald: Die dieser Gruppe zugeteilten Stauden sind vor allem für Gärten interessant, in denen es viele schattige Stellen gibt.

Eine hübsche Staudenkombination: die Indianernessel und der Sonnenhut

Man nennt sie auch Schattenstauden, weil sie im Schutz und Schatten von Gehölzen gut gedeihen. Typische Vertreter dieser Gruppe sind die Funkien (*Hosta*-Arten), Farne und das hübsche Buschwindröschen.
Gehölz- oder Waldrand: In diesem Lebensbereich, in dem lichter Schatten oder Halbschatten vorherrscht, wachsen zahlreiche Frühlingsblüher, vor allem Zwiebel- und Knollenpflanzen (die zu den Stauden zählen), wie Maiglöckchen oder Schneestolz. Viele Arten bilden schöne Blütenteppiche, etwa das reichblühende und strahlendblaue Leberblümchen.
Freiflächen: Hier sind die sonnenhungrigen Pflanzen kennzeichnend. Typisch für diesen Lebensbereich sind zum Beispiel Lavendel, Salbei, Königskerze, Wildblumen und das bizarre Lampenputzergras.
Steingarten: Volle Sonne, Wärme, trockene bis mäßig trockene Böden prägen die-

sen besonderen Lebensbereich. Und natürlich brauchen die Steingartenpflanzen das namengebende Gestein. Nässe oder fette Böden vertragen die Vertreter dieser Gruppe, zu der Steinkraut, Blaukissen oder Hauswurz gehören, überhaupt nicht.
Alpinum: Diese Spezialisten unter den Stauden, zum Beispiel Edelweiß oder Stengelloser Enzian, sind schwierige Pfleglinge.
Beet: Diesen Lebensbereich und diese Gruppe haben Menschen geschaffen, denn fast alle Pflanzen darin sind Züchtungen. Diese Beet-, Schnitt- oder Prachtstauden zeichnen sich durch Sortenvielfalt, Blütenreichtum und lang anhaltende Blüte aus. Sie stellen hohe Ansprüche an den Standort, gehören aber dennoch zu den Lieblingen der Hobbygärtner, was bei so traumhaft schönen Blumen wie Rittersporn, Sonnenbraut, Pfingstrosen oder den vielen zauberhaften Zuchtformen von Tulpen und Narzissen nicht verwundert.
Ufer und Wasser: Die Stauden dieser beiden Gruppen gehören in und an den Gartenteich.

Die Wahl der Stauden

Bevor Sie mit einem vollgepackten Wagen an der Kasse des Gartencenters stehen oder ein riesiges Paket vom Pflanzenversender ankommt, sollten Sie Ihre Staudenpflanzungen ein wenig planen. Zum einen sparen Sie damit Geld, zum anderen wird Ihr Garten einfach schöner, wenn die Pflanzen gut zueinander passen.
Pflanzenbedarf: Überlegen Sie zuerst, welchen Staudenlebensbereich Sie gestalten wollen bzw. welcher in Ihrem Garten verfügbar ist. Ermitteln Sie die Größe der zu bepflanzenden Fläche, indem Sie den Platzbedarf von bereits vorhandenen Pflan-

Farbenpracht in zarten Tönen mit Astilben, Taglilien und den Blättern der Funkie

zen, Wegen oder Gestaltungselementen, wie Findlingen, abziehen. Als Faustregel gilt: Sie benötigen 3 bis 4 Pflanzen pro m^2. Bei Bodendeckern rechnet man (je nach Art) mit 10 bis 15 Exemplaren.

Stimmen Sie beim Auswählen der Pflanzen folgende Kriterien aufeinander ab: Beginn der Blütezeit, Blühdauer, Farbe und Form von Blüten und Blättern sowie weitere dekorative Elemente wie Fruchtstände oder Blattfärbungen im Herbst. Ein wichtiger Gestaltungsgesichtspunkt ist die Wuchshöhe, denn sie entscheidet über die Plazierung der Pflanzen, die sozusagen gestaffelt gesetzt werden sollten.

Gute Planung: Skizzieren Sie nun das geplante Beet auf ein Blatt Papier. Beachten Sie dabei auch die spätere Ausbreitung der einzelnen Pflanzen. Am übersichtlichsten wird die Skizze, wenn Sie die Standorte der Einzelpflanzen oder Gruppen mit einem Kreis oder einer Schraffur kennzeichnen und die einzelnen Plätze durchnumerieren. Gehen Sie dabei so vor:

- Verteilen Sie zuerst die sogenannten Leitstauden locker über das Beet. Zu diesen wirkungsvollen Pflanzen zählen Rittersporn, Pampasgras oder Herbstanemonen. Sie stehen am besten einzeln, maximal zu zweit oder zu dritt.
- Den Leitstauden zugeordnet werden die sogenannten Füllstauden wie Iris, Trollblumen, Taglilien, Bergenien oder Astilben. Sie werden in Gruppen von 2 bis 3 Pflanzen (je nach Art) plaziert, von nicht ganz so üppig wachsenden kann man auch mehr pflanzen.
- An den noch leeren Stellen zwischen den Gruppen finden niedrig bleibende Pflanzen ihren Platz. Sie werden meist flächig, also zu mehreren, gepflanzt.
- Bewährt hat es sich, wenn man die Beetbepflanzung in zweierlei Hinsicht staffelt: Einmal der Wuchshöhe nach, die höheren Pflanzen kommen nach hinten, die niedrigen nach vorn; zum anderen sollten Sie gleichzeitig die Blütezeit bedenken: frühblühende Blumen stehen im Hintergrund, spätblühende im Vordergrund.

Vor der Pflanzung

Alle Bau-, Gestaltungs- und Pflegearbeiten, die Einfluß auf die Konsistenz und Struktur des Bodens haben, sollten ein paar Wochen vor der Pflanzung abgeschlossen sein. Zu solchen Arbeiten gehören nicht nur das tiefgründige Lockern des Bodens oder eine

Die Pflanzen werden auf dem Beet gleich in den richtigen Abständen verteilt

Das Pflanzloch muß so groß sein, daß der Wurzelballen gut Platz darin findet

Bekannte Stauden			
Name	**Blütezeit, Wuchshöhe**	**Blütenfarbe**	**Hinweise**
Prachtspiere *(Astilbe)*	Juni - September 20-120 cm	rosa, lachsrosa, karminrot, rotviolett, flieder- oder cremefarben, weiß	keine lufttrockenen Plätze; licht- bis halbschattig, kühl, luftfeucht
Pfirsichblättrige Glockenblume *(Campanula persicifolia)*	Juni - August 50-100 cm	zartblau mit weißen Griffeln	keine sandigen oder tonigen Böden, Lehmböden optimal
Sommermargerite (*Chrysanthemum maximum)*	Juni - September 50-90 cm	weiß, einfach blühende Sorten mit gelber Mitte	keine leichten Sand- oder schweren Tonböden, keine winternassen Standorte
Großblütiges Mädchenauge (*Coreopsis grandiflora)*	Juni - September 60-90 cm	gelb	sonnig, warm, Boden mäßig trocken bis frisch, mäßig-nährstoffreich
Rittersporn (*Delphinium*-Hybriden*)*	Juni - Juli August - Oktober 120-200 cm	viele verschiedene Blautöne oder Weiß	Vorsicht: ganze Pflanze giftig, keine heißen Plätze oder leichten Sandböden
Taglilie (*Hemerocallis*-Hybriden)	Mai - August 40-110 cm	verschiedene Gelb-, Orange-, Rot-, Rosa- und Weißtöne, auch zweifarbig	sonnig bis halbschattig, Boden mäßig trocken bis frisch, auch feucht, optimal auf nährstoffreichen Lehmböden
Funkie *(Hosta)*	Juni - August 5-120 cm	weiß, violettblau, lila oder purpurviolett	je nach Blattfarbe lichtschattig bis schattig, kühl, gleichmäßige Luft- und Bodenfeuchte
Indianernessel (*Monarda*-Hybriden)	Juli - September 70-130 cm	karmin-, purpur-, scharlachrot, rosa, violettblau oder weiß	standschwach und kurzlebig auf schweren Böden, sonnig, bis leicht beschattet, warm
Staudenphlox (*Phlox paniculata)*	Juni - September 50-150 cm	viele Farben	keine heißen Plätze oder nährstoffarme Böden

Staudenphlox

Margerite

Bodenauffüllung, sondern auch Steinarbeiten, Geländemodellierungen, Anlegen von Wegen oder Trittflächen und das Einsetzen von Gehölzen. Die Stauden sollten möglichst nur in einen Boden kommen, der sich bereits gesetzt hat.
Allzu sandige Böden verbessern Sie durch die Beigabe von Humus und Lehm, zu schwere Böden hingegen mit Hilfe von untergemengtem Humus und Sand. Steingartenpflanzen verhelfen Sie zu einem besseren Start durch das Einbringen von drainierendem Splitt oder Schotter.
Tip: Befreien Sie unbedingt die Pflanzfläche von sogenannten Wurzelunkräutern wie Quecke, Giersch, Kleinem Sauerampfer oder ähnlichen Wildkräutern. Sie ersparen sich damit viel Arbeit und Ärger, da die spätere Bekämpfung fast aussichtslos ist. Flächen, die sich nicht durch Jäten oder Ausgraben der Unkräuter reinigen lassen, können Sie mit Hilfe einer schwarzen Folie einen Sommer lang lichtdicht abdecken.
Pflanztermin: Bereiten Sie alles möglichst so vor, daß Sie die Stauden im März/April in den Boden setzen können. Die Pflanzen können dann in ihrem ersten Standjahr optimal anwachsen. Späteres Pflanzen ist auch möglich, da Stauden im Topf oder Container angeboten werden. Bis etwa Ende Oktober können Sie pflanzen, frostempfindliche Arten aber, wie Pampasgras oder Lampenputzer, sollten zu einem späten Zeitpunkt besser nicht mehr in den Boden kommen. Sie pflanzt man dann erst im nächsten Frühjahr ein.
Einpflanzen: Für eine harmonische Weggestaltung ist wichtig, daß Sie die Pflanzabstände, die sich nach der späteren Pflanzengröße richten, einhalten. Informieren Sie sich beim Kauf oder in der Fachliteratur. Wässern Sie die Wurzelballen vor dem Einpflanzen gründlich, und setzen Sie die Pflanzen nicht zu tief. Es reicht aus, wenn 2 cm Erde über dem Ballen liegen.

Pflegetips für Stauden

Ganz ohne Pflegearbeiten kommt man bei den Stauden nicht aus, jedoch ist die Pflege keineswegs so aufwendig, wie manchmal erzählt wird.

Bodenpflege

Um den Stauden eine optimale Entwicklung zu ermöglichen und die optische Wirkung der Gestaltung zu erhalten, sollten Sie Ihre Staudenanlage immer unkrautfrei halten. Bearbeiten Sie den Boden nur flach, so schonen Sie die Staudenwurzeln und hacken die Ausläufer der Stauden nicht heraus. Arbeiten Sie möglichst von einem Weg oder von Trittplatten aus, damit Sie den Boden im Beet nicht unnötig festtreten. Bei Gärten in Hanglage sollten Sie übrigens immer von oben nach unten hacken, damit im Laufe der Zeit nicht zuviel Erde hangabwärts befördert wird.
Eine Abdeckung des Bodens mit Mulchmaterialien behindert den Wildwuchs und behält gleichzeitig die Feuchtigkeit im Boden. Zum Mulchen eignen sich Kompost, Rasenschnitt, der frei von Unkrautsamen sein muß, oder Rindenmulch.

Düngen

Stauden müssen ausreichend mit Nährstoffen versorgt werden. Zu den Hauptnährstoffen zählen Stickstoff, Phosphorsäure und Kalium. Düngen Sie bei Bedarf mit einem organischen oder organisch-mineralischem Präparat. Der Fachhandel bietet eine gute Auswahl und in der Regel beste Beratung. Gedüngt wird nur während der Vegetationsperiode, in der Zeit, in der Pflanzen Nahrung aufnehmen, also etwa von März bis Oktober. Düngen Sie gezielt, und besser in jeweils kleineren Mengen.

Damit Ihre Stauden beim Düngen nicht »verbrennen«, muß der Boden beim Ausbringen des Düngers ausreichend Feuchtigkeit enthalten (bei Bedarf vorher gießen).

Wässern

Standortgerecht gepflanzte Stauden vertragen durchaus auch einmal witterungsbedingte Trockenperioden. Aufwendiges Wässern ist in der Regel nicht nötig. Wenn die Trockenheit zu lange anhält, wird Gießen jedoch erforderlich. Wässern Sie dann entweder in den frühen Morgenstunden oder in den kühlen Abendstunden. Stets durchdringend wässern, so hält die Feuchtigkeit eine Weile vor. Faustregel: 10 l Wasser pro m^2 Boden. Gießen Sie immer von unten, also im Wurzelbereich der Pflanzen. Legen Sie den Schlauch zwischen die Pflanzen, und verändern Sie von Zeit zu Zeit seine Position. Das Wasser nur »sanft« fließen lassen.»Duschen« Sie Ihre Pflanzen nie! Das Naß von oben, das sich über Blüten und Blätter ergießt, kann Pilzerkrankungen wie Mehltau oder Grauschimmel verursachen, wenn die Pflanzen nicht rasch abtrocknen können.

Staudenhalter oder -ringe sorgen dafür, daß hohe Pflanzen nicht umkippen

Stützen

Eine ganze Reihe hochwachsender Stauden wie Margeriten, Astern oder Sonnenauge neigen dazu, bei einer gewissen Wuchshöhe umzufallen. Aber auch Regen und Wind können bewirken, daß Stauden förmlich auseinanderfallen. Bei nicht standfesten Stauden sollten Sie von vornherein einen Staudenstützring anbringen (im Gartenfachhandel erhältlich). Er bewahrt das schöne Aussehen der Pflanze und verhütet, daß benachbarte Gewächse durch sich neigende Stengel beeinträchtigt oder gar umgeworfen werden. Bringen Sie diese Staudenhalter so frühzeitig an, daß sie von den Blättern überwachsen werden, bevor die Blüte kommt. So fallen sie kaum auf.

Schneiden

Auch diese Maßnahme gehört zur Staudenpflege. Manche machen es sich einfach, indem sie schlichtweg alle nicht grünen Pflanzenteile im Frühjahr kurz über dem Boden schneiden und die Stauden neu austreiben lassen. Können schneiden gezielter:
Einen verzögerten Blütenbeginn erreichen Sie durch den Rückschnitt, zum Beispiel bei Phlox, wenn Sie die Pflanzen einige Zeit nach dem Austrieb noch einmal einkürzen. Bei mehreren Pflanzen einer Art können Sie so einen zeitlich versetzten, also einen früheren und späteren, Blühbeginn bewirken.
Eine zweite Blüte zum Herbst hin fördern Sie, wenn Sie manche Staudenarten nach der ersten Blüte bis kurz über den Boden zurückschneiden, zum Beispiel bei Rittersporn, Feinstrahlastern, Lupinen,

Sommersalbei, Katzenminze oder bei der Bunten Margerite. Damit sie sich nicht durch eine kräftezehrende Samenbildung verausgaben und länger leben, schneiden Sie Stockrose, Ochsenzunge, Islandmohn, Färberkamille, Kornblume oder Lichtnelke nach der ersten Blüte zurück.

Eine längere Blühdauer können Sie bei sehr vielen Pflanzenarten erreichen, wenn Sie abgeblühte Blüten regelmäßig entfernen, so bei Sommermargerite, Sonnenauge oder Scharfgarbe.

Mit dem Rückschnitt nach der Blüte verhindern Sie auch eine unkontrollierte Verbreitung bei Arten wie der Goldrute, bei Staudenlein oder anderen leicht aussamenden Pflanzen.

Im Spätherbst können Sie alle nicht mehr grünen Pflanzenteile bis zum Boden abschneiden. Ausnahmen sind die dekorativen Gräser, die man besser erst im Frühjahr schneidet, ihre schmuckvollen Fruchtstände im Spätwinter.

Wer Stauden erst im Frühjahr zurückschneiden will, weil er mit den Stengeln und Samenständen Insekten ein Winterquartier bieten möchte, muß die Gefahr in Kauf nehmen, daß er damit auch möglichen Krankheiten und Parasiten »Unterschlupf« gewährt.

Stauden verjüngen und vermehren

Mitunter bedarf die gesamte Staudenanlage einer Renovierung. Bei einer starken Verunkrautung, bei der selbst intensives Jäten nichts mehr hilft, bleibt einem nur, die Pflanzfläche abzuräumen und zu reinigen. Verwenden Sie die alten Stauden wieder bei der Neugestaltung des Beetes, müssen die Pflanzen vollständig unkrautfrei sein – auf versteckte Wurzelunkräuter im Erdballen achten. Bei solch einer Generalreinigung verjüngen Sie die Stauden am besten durch Teilen oder das Abnehmen und anschließendes Neupflanzen von Ablegern.

Bei kurzlebigen Arten, wie Lupine, Lein oder Stockrose, können Sie beide Verjüngungs- bzw. Vermehrungsmethoden anwenden, wenn diese Arten ersetzt werden müssen. Auch Stauden, die schnell vergreisen, wie Margeriten, sollten Sie alle 2 bis 3 Jahre ausgraben und durch Teilen des Wurzelstocks verjüngen.

Langlebige Arten wie Pfingstrose oder Astilben dürfen nicht durch ständiges Aus- und Eingraben gestört werden. Wenn sol-

Um Stecklinge zu gewinnen, schneidet man die Triebspitzen ab und setzt sie in Anzuchterde. Der Topf wird mit einer Folienhaube überspannt

Die Stecklinge werden ausgepflanzt, wenn sie bewurzelt sind. Dies ist erkennbar an neu ausgebildeten Blättchen und Trieben

che Pflanzen nach Jahren zu hoch aus dem Beet herausgewachsen sind, können Sie ihnen eine Regenerierungskur bieten, indem Sie ihren Standort komplett mit einer 2 cm dicken Schicht aus Gartenerde, Rinden- und normalem Gartenkompost den Winter über bedecken (alle Bestandteile zu gleichen Teilen mischen).

Winterschutz

Der Winter macht so manchen Stauden Probleme. Bereits gegen frühe Fröste empfindlich sind vor allem Grönlandmargerite, Herbstchrysantheme, Japanische Anemone, Oktobersilberkerze oder Enzianbleiwurz. Um ein allzu frühes Absterben abzuwenden, deckt man diese Pflanzen bei Nachtfrostgefahr vorsorglich mit Vlies ab.
Vielen Stauden, wie Ochsenzunge, Junkerlilie, Rosmarin, Thymian, Iris-Hollandica-Hybriden, Pampasgras oder Fackellilie, macht die Winterkälte sehr zu schaffen. Diese Pflanzen setze man von vornherein an einen geschützten Standort auf durchlässigem Boden, damit im naß-feuchten Winterhalbjahr keine Staunässe entstehen kann. In jedem Fall sollten Sie diese Stauden durch aufgelegtes Fichtenreisig schützen. Eine Laubpackung, die man um die Pflanzen herum legt und mit Fichtenreisig abdeckt, schützt die gegen winterliche Nässe besonders empfindlichen Gewächse, wie Pampasgras oder Ochsenzunge.
Andere Stauden wiederum reagieren auf gegenteilige Faktoren, wie die sogenannte Frosttrockenheit. Diese Stauden können aus dem gefrorenen Boden kein Wasser nehmen, obwohl sie weiterhin durch oberirdische Pflanzenteile Feuchtigkeit verdunsten. Deshalb besteht bei ihnen im Spätwinter an Tagen mit Barfrösten die Gefahr des Vertrocknens in besonders starkem Maße. An solchen Tagen herrscht Frost, der Boden ist gefroren, und die Sonne scheint zugleich kräftig. Keine Schneeauf-

Harmonischer Zusammenklang in Blau und Gelb: Riesenglockenblume und Mädchenauge

lage schützt die Stauden vor der intensiven Sonneneinstrahlung. Wintergrüne Arten wie Bergenien, aber auch die Halbsträucher, wie der Gartensalbei, sollte man dann durch Auflegen von Reisig oder eines Vlieses schützen.

Gegen Winterende sollten Sie Ihre Stauden kontrollieren, ob sie »hochgefroren« sind. Das heißt, ob der Wurzelballen nicht mehr so tief in der Erde steckt, wie Sie ihn angepflanzt haben. Drücken Sie diese Stauden wieder in den Boden.

Ordnen Sie die Stauden, die durch Vögel bloßgescharrt wurden. Vorbeugemaßnahme gegen Hochfrieren und Vögelschäden ist wiederum eine Reisigabdeckung.

Nicht vergessen, daß Spätfröste im Frühjahr Ihre Stauden beeinträchtigen können. Legen Sie bei Frostgefahr ein Vlies über empfindliche Arten wie Astilbe oder Tränendes Herz.

Geräte für die Staudenpflege

Eine gut gewählte Geräteausstattung macht die Staudenpflege leichter. Achten Sie bei der Anschaffung von Geräten auf eine stabile und solide Ausführung.

Folgende Gerätschaften sind zu empfehlen:

- Spaten für grobe Bodenarbeiten,
- Grabegabel für die Bodenlockerung und um Mulch aufzubringen oder Schnittgut abzuräumen,
- schmale Harke, um das Beet zu reinigen,
- Hacke zur Bodenlockerung und zum Unkrautentfernen,
- Pflanzkelle für Pflanzarbeiten,
- Schlauch mit Spritzdüse fürs Bewässern,
- Gartenmesser, Gartenschere und Heckenschere für Schneidearbeiten,
- Raffiabast und Staudenstützringe zum Anbinden, Vlies zum schützenden Abdecken und schwarze Folie zur Unkrautunterdrückung.

Zwiebel- und Knollenpflanzen richtig pflegen

Zwiebelblumen und Knollenpflanzen sind wie die Stauden ausdauernde Gewächse. Sie besitzen unterschiedlich geformte Speicherorgane, mit deren Hilfe sie die Zeit zwischen dem Abblühen und dem Neuaustrieb überdauern. Für den Gärtner wichtig zu wissen ist, daß diese Pflanzen nach der Blüte, je nach Blütezeit im Frühjahr oder Herbst, ihre Blätter einziehen. Die Blätter darf man erst abschneiden, wenn sie vollständig verwelkt sind, weil sonst die Speicherorgane nicht ausreichend Nährstoffe für die nächste Wachstumsperiode einlagern können.

Pflegetips für Zwiebel- und Knollenpflanzen

Der Erfolg bei diesen Pflanzen beginnt schon beim Einkauf. Achten Sie unbedingt darauf, daß Sie nur einwandfreies, gesundes und kräftiges Pflanzgut kaufen.

Der Standort ist das zweite Erfolgsrezept. So bevorzugen Schneeglöckchen, Winterlinge und Wildnarzissen halbschattige bis schattige Plätze. Sie sind auch geeignet für weitflächige Pflanzungen, wobei sie im

Winterlinge, die zeitigen Blüher

Laufe der Jahre zu einem geschlossenen Bestand verwildern. Im Beet besser aufgehoben sind Narzissen- und Tulpensorten, Hyazinthen und Kaiserkronen, Zierlauch-, Lilien- und Gladiolenhybriden sowie Dahlien und Knollenbegonien.
Setzen Sie die Frühlingsblüher stets in den Beethintergrund, dort kommen sie in dem noch winterlich leeren Beet problemlos zur Geltung, und bis sie verblüht sind, hat sich die Fläche wieder mit hübschen Blumen gefüllt, so daß das welkende Laub kaum mehr sichtbar ist.
Für den Steingarten empfehlen sich nur niedrig bleibende Arten, die zudem die dort nötige Trockenheit des Bodens vertragen; geeignet sind zum Beispiel Wildtulpen, Zwergiris oder Wildkrokusse.
Sehr dekorativ im Rasen wirken die bunten Krokushybriden und die eleganten Narzissen. Allerdings dürfen Sie den Rasen nicht abmähen, bevor die Blätter dieser Blumengäste abgestorben sind, sonst wird ihre Lebensdauer rapide verkürzt.

Mit Hilfe eines Zwiebelpflanzers ist es einfach, die Zwiebeln zu pflanzen und sie in die richtige Pflanztiefe zu bringen

Zwiebeln und Knollen pflanzen

Pflanzkelle und möglichst auch ein Zwiebelpflanzgerät sind fast unentbehrliche Utensilien.
Frühjahrsblüher pflanzen Sie im September/Oktober. Ihre Blühzeit können Sie auf sehr effektvolle Weise beeinflussen: Setzen Sie sowohl früh- als auch mittelfrüh- und spätblühende Sorten. Und verlängern Sie die Blühdauer einer Art oder Sorte, indem Sie die Zwiebeln oder Knollen in unterschiedlicher Anzahl im Abstand von jeweils 10 Tagen pflanzen.
Die Pflanztiefe: Gewöhnlich in sandigen Böden ein wenig tiefer, in schweren Böden etwas flacher. Bewährte Faustregel: Blumenzwiebeln etwa dreimal so tief pflanzen, wie sie groß sind. Knollen sollten 2 bis 3 Fingerbreit mit Erde bedeckt sein.
Sommerblüher werden erst im Mai nach den Eisheiligen, wenn die Spätfrostgefahr gebannt ist, ins Freiland gepflanzt. Insbesondere bei Dahlien sollten Sie dann anfangs darauf achten, daß Schnecken die jungen Austriebe nicht abfressen.

Zwiebelblumen sollte man am besten in Pflanzkörbe setzen, wenn man sie vor Wühlmäusen schützen will

Tip: Wenn Wühlmäuse Ihren Garten unsicher machen, sollten Sie Zwiebeln und Knollen in die im Fachhandel erhältlichen Zwiebelpflanzkörbe legen und diese in die Erde setzen.

Pflegen, Lagern und Vermehren

Während der Vegetationsperiode sind Zwiebel- und Knollenpflanzen ausgesprochen pflegeleicht. In der Regel braucht man sie weder zu wässern noch zu düngen. Um die Pflanzen nicht unnötig zu schwächen, empfiehlt es sich, vor allem bei den Frühjahrsblühern, die Blüten nach dem Welken zu entfernen. So bilden sich keine kräftezehrenden Samen.

Vermehren und Lagern: Viele Zwiebel- und Knollenpflanzen bilden sogenannte Brutzwiebeln bzw. -knollen, mit denen sie sich vermehren. Um neue Pflanzen zu gewinnen, kann man die dadurch entstandenen Horste zum Beispiel bei Schneeglöckchen und Krokus nach der Blüte einfach mit dem Spaten teilen und die Stücke wieder einpflanzen. Auch Knollenbegonie und Indisches Blumenrohr können Sie so vermehren. Alle anderen Zwiebeln nimmt man aus dem Boden, trennt die Brutzwiebeln ab und pflanzt sie an dem gewünschten Standort wieder ein.

Krokusse kann man gut in den Rasen pflanzen. Man hebt dazu ein Rasenstück an, legt die Zwiebeln darunter und deckt sie ab

Die Kaiserkrone zählt zu den prachtvollsten Zwiebelblumen

Überwintern und Winterschutz

Stört Sie das welkende Laub im Garten, so können Sie die Zwiebeln am fast verwelkten Laub ausgraben und sie kopfunter an einem kühlen, luftigen und schattigen Ort aufhängen. Sie werden dann zur gegebenen Zeit wieder eingepflanzt. Soweit es sich um frostharte Arten/Sorten handelt, können die Zwiebeln auch mehrere Jahre am Standort bleiben.

Nicht frostharte Arten, wie Knollenbegonie, Indisches Blumenrohr, Montbretie, Dahlie, Freesie und Gladiolien, müssen Sie rechtzeitig vor Frostbeginn ausgraben und einige Tage an einem luftigen, schattigen Ort abtrocknen lassen. Anschließend die grünen Pflanzenteile bis auf einen Stumpf abschneiden, die Erde abschütteln, die Knollen in eine flache Holzkiste legen und an einem kühlen, dunklen Ort frostfrei aufbewahren.

Gemüse und Kräuter pflanzen und pflegen

Hobbygärtner sind stolz auf ihr Gemüse und die Kräuter aus dem eigenen Garten. Wer allerdings eine volle Selbstversorgung anstrebt, sollte bedenken: pro Person rechnet man etwa 50 m^2 Fläche. Die Bewirtschaftung verlangt pro Jahr und m^2 etwa 1,5 Stunden. Erfahrungsgemäß ist es günstiger, wenn man sogenanntes Grobgemüse wie Kohl, Lagermöhren, Knollensellerie, Porree oder Zwiebeln zukauft. Der Anbau von Feingemüse wie Erbsen, Radieschen oder Spargel dagegen kann sich im Privatgarten lohnen. Immer rentabel sind Kräuter aller Art.

Pflege des Bodens im Gemüsebeet
Ein gesunder, lebendiger Gartenboden ist unerläßlich für den Ernteerfolg. Er soll locker, krümelig und humusreich sein. Dazu hilft das Umgraben im Herbst, das Durchziehen mit dem Kultivator und Hacken während der Kultur. Auch Pflanzen lockern den Boden, zum Beispiel Rettich, Möhren, Schwarzwurzeln, Porree oder Kartoffeln. Gut verrotteter Kompost, in den Boden eingearbeitet und als Mulchdecke, bewirkt eine gute Humusversorgung. Oft vergessen wird das Kalken des Bodens. Hierbei muß man allerdings mit Fingerspitzengefühl vorgehen. Dies trifft auch auf das Düngen zu, denn die Nährstoffversorgung hängt vom Nährstoffbedarf der Gemüse und Kräuter ab. Es gibt Starkzehrer wie Kohl oder Sellerie, Mittelzehrer wie Porree und Tomaten sowie Schwachzehrer wie Zwiebeln.
Eine Bodenanalyse (siehe Seite 16) lohnt sich beim Gemüseanbau allemal.

Für das Hochbeet hebt man eine Grube aus und schichtet folgende Lagen ein: zuerst grobes Astmaterial, darüber mit Gesteinsmehl und Hornspänen vermischte Gartenerde, dann eine Laubschicht, zum Schluß Gartenerde und eine etwa 30 cm dicke Schicht aus Kulturerde

Je bedarfsgerechter ein Gartenboden »eingestellt« ist, desto leichter tut man sich letztlich bei seiner Pflege. So ein Boden muß zum Beispiel deutlich weniger gewässert werden als ein schlecht eingestellter Boden, weil er sowohl die Feuchtigkeit besser speichert, als sie auch aus dem Untergrund besser nachzieht.
Und noch ein Tip: Gemüsebeete sollten immer in Sonnenlagen angelegt werden, die auch später nicht durch schattierenden Bewuchs in der Umgebung beeinträchtigt werden können. Konkurrenz wie Gehölzwurzeln, und erst recht natürlich Unkräuter, sollte man von der Gemüsekultur unbedingt fernhalten.

Beet- und Anbauformen

Neben der klassischen Beetform, dem Flachbeet, haben sich spezielle Varianten, das Hochbeet und das Hügelbeet, bewährt. Beide Beetformen sind ähnlich aufgebaut und haben die Vorteile: Hochbeete sind leicht zu bearbeiten, Hügelbeete vergrößern die Nutzfläche.
Unabhängig von der Beetform ersparen Sie sich Enttäuschungen und Mißerfolge bei der Ernte, wenn Sie sich mit diesen drei Kulturformen etwas näher beschäftigen.
Fruchtfolge und Fruchtwechsel: Das bedeutet, auf derselben Fläche soll nicht die gleiche Gemüseart nacheinander gepflanzt werden, ebensowenig eine Art derselben Pflanzenfamilie. Also Porree nicht nach Porree, aber auch danach keine Zwiebeln und kein Schnittlauch. Man vermeidet, daß die Gemüse wegen eines einseitigen Nährstoffhaushaltes nicht gedeihen und artspezifische Krankheiten oder Schädlinge sich ausbreiten. Ferner soll man zwischen Flachwurzlern und Tiefwurzlern wechseln. Außerdem dürfen Starkzehrer nicht hintereinander auf die Beetfläche.
Mischkultur: Heute weiß man, daß einige Gemüsearten sich beim Wachstum gegenseitig fördern und gesund erhalten, aber auch das Gegenteil kann der Fall sein. Dieses Wissen nutzt man für die sogenannte Mischkulturführung.
Alle diese Anbauformen sind im Grunde genommen sehr einfach, wenn man mit Hilfe von Zettel und Bleistift seinen Gemüseanbau etwas plant.
Vor- und Nachkultur sind ebenfalls Begriffe, die man kennen sollte, wenn man Gemüseanbau nutzbringend betreiben möchte. Ein Beispiel dazu aus der Praxis: Wer Kartoffeln als Hauptkultur wählt, kann zuvor im März/April beispielsweise frühe Sorten von Salat oder Radieschen anbauen. Als Nachkultur kann nach den Kartoffeln Grünkohl, Winterporree oder Feldsalat auf die Fläche kommen.
Ernteverfrühung und Ernteverlängerung kann man durch Abdecken des Gemüsebeetes mit Folie oder Vlies erreichen, so daß man die Beete im Frühjahr zeitiger und im Herbst länger nutzen kann. Man nimmt am besten entsprechend dazu die im Handel erhältlichen Früh- und Spätsorten.

Reiche Ernte kann man erwarten, wenn man die Prinzipien der Mischkultur sowie des Fruchtwechsels und der Fruchtfolge beachtet

Aussaat und Anzucht

Wer seine Gemüsepflanzen gern selbst aussät, kann im Februar/März im Kleingewächshaus oder Mistbeet mit der Anzucht der Jungpflanzen beginnen. Die im Fachhandel erhältlichen Anzuchtsysteme erleichtern den Vorgang sehr. Von Quelltöpfen über Multitopfplatten bis hin zu Recyclingtöpfen hat man eine gute Wahl. Bei vielen »Systemen« erfolgt die Aussaat direkt in den Topf, so daß das Pikieren (das Umpflanzen der Sämlinge) entfällt und jede Jungpflanze ungestört einen eigenen kräftigen Wurzelballen ausbilden kann.
Auf die Anzuchttemperatur sollten Sie unbedingt achten, sie steht auf der Rückseite eines jeden Samentütchens. Tomaten benötigen zum Beispiel 22 °C, während Kohlrabi nur bei etwa 12 °C ihre runden Knollen vollendet ausbilden.
Alle Jungpflanzen, die unter Glas vorgezogen wurden, müssen vor dem Ausbringen ins Freiland zunächst einige Tage abgehärtet werden, damit sie sich an die Licht- und Luftverhältnisse draußen gewöhnen. Man stellt sie dazu an einen luftigen, halbschattigen Ort.

Ein Rechen ist unentbehrlich im Garten

Ein Saatband vereinfacht das Aussäen

Aussaat ins Freiland

Viele Gemüsearten müssen nicht aufwendig vorgezogen werden, sondern können direkt in das Beet gesät werden (Aussaattermine auf den Samentütchen beachten). Eine wertvolle Hilfe dabei ist ein Reihenziehgerät, mit dem Sie die Reihen in passenden Abständen vorzeichnen können. Nachdem Sie das Saatgut in die Rillen gegeben haben, wird es vorsichtig mit Hilfe einer Harke mit wenig Erde bedeckt.
Pflanzabstand: Bei Verwendung von Saatbändern ist der notwendige Pflanzabstand in der Reihe von vornherein geregelt. Große Samen müssen Sie von Hand legen. Da oft eher zu dicht gesät wird, sollte man sich einiger bewährter »Tricks« bedienen. Mischt man zum Beispiel Möhren- und Pflücksalatsamen und sät sie gemeinsam aus, so markiert der früher keimende Salat nicht nur die Reihen, er kann auch schon beizeiten geerntet werden, so daß die Möhren den nötigen Freiraum haben. Sehr feiner Samen sät sich besser aus, wenn er mit reinem Sand vermischt wird. Ist die Aussaat dennoch einmal zu dicht geraten, nimmt man die überzähligen Keimlinge heraus, man verzieht sie, wie der Gärtner sagt.

Wichtige Pflegemaßnahmen

Von der Aussaat bis zur Ernte sollten Sie Ihr Gemüse gleichmäßig feucht halten. Ungleichmäßige Feuchtigkeit läßt Gemüse

Einige Gemüsearten im Überblick			
Name	**Kulturdauer/Vorkultur**	**Mischkulturpartner**	**Hinweise**
Blumenkohl (*Brassica oleracea var. botrytis*)	3 Monate ab Pflanzung frühe Buschbohnen und frühe Möhren	Sellerie, Spinat, Salat, Ebsen, rote Bete; neben Tomaten, Gurken	Starkzehrer, sobald Rosette faustgroß ist, innere Blätter über Blumenkohl knicken
Gurke (*Cucumis sativus*)	5-6 Monate ab Aussaat keine Vorkultur	Dill, Randbepflanzung mit Sellerie, Lauch, rote Bete, Salat, Kohl	Starkzehrer, bei der Sortenauswahl auf Befruchtungsverhältnisse achten
Kartoffel (*Solanum tuberosum*)	Frühkartoffeln 3 Monate, späte Sorten 4 Monate ab Pflanzung, keine Vorkultur	Knoblauch, Kohl, Kapuzinerkresse	Mittelzehrer, Saatkartoffeln im Februar vorkeimen, auspflanzen Mitte April, gegen Fröste mit Folie bedecken
Möhre (*Daucus carota ssp. sativus*)	3-6 Monate ab Aussaat Spinat, Salat, früher Kohlrabi, frühe Erbsen	Lauch, Knoblauch, Zwiebeln, Mangold, neben Tomaten, Erbsen	Mittelzehrer, lange Keimdauer, daher nicht voreilig nachsäen
Schwarzwurzel (*Scorzonera hispanica*)	bis zu 12 Monate ab Aussaat, keine Vorkultur	Salat, Lauch, Kohlrabi	Mittelzehrer, leichte bis mittelschwere Böden; brechen leicht ab bei der Ernte
Tomate (*Lycopersicon lycopersicum*)	5 Monate ab Pflanzung, keine Vorkultur	Randbepflanzung mit Salat, Sellerie, Lauch, Kohlrabi, Petersilie	Starkzehrer, austreibende Achseltriebe (Geiztriebe) ausbrechen
Zucchini (*Cucurbita pepo*)	5-6 Monate ab Aussaat, keine Vorkultur	keine Mischkultur	Starkzehrer, Früchte in jeder Größe erntereif, Blüten eßbar
Zwiebel (*Allium cepa*)	Steckzwiebeln 5-6, Saatzwiebeln je nach Sorte bis 9 Monate, Spinat, keine anderen Liliengewächse	Möhren, Salat, neben Gurken, Tomaten, nicht zu Kohl, Bohnen, Erbsen	Mittelzehrer, Umknicken des Zwiebellaubs nach Erscheinen der Knospe; Pflanten abtrocknen und einziehen lassen

Blumenkohl

Pflück-, Kopf- und Römersalat

holzig oder pelzig werden, bei verspätetem Wässern nach längerer Trockenheit platzen manche Pflanzen schlichtweg auf. Bekannte Beispiele für die genannten Vorgänge sind die holzigen Radieschen und der aufgeplatzte Kohlrabi.
Während der Kulturdauer sollten Sie die Böden locker halten, also hacken, vor allem nach Regenfällen. Unkraut und die leidigen Schnecken sind fernzuhalten oder zu entfernen. Gegen die verschiedenen schädigenden Gemüsefliegen gibt es im Fachhandel praktische Schutznetze.

Tips für die Kräuterpflege

Kräuter schmecken nicht nur gut und verleihen Speisen eine aromatische Würze, sie sind auch einfach gesund.
Wenn man Kräuter an den richtigen Standort pflanzt und einige grundlegende Pflegemaßnahmen beachtet, erweisen sie sich eher als anspruchslos und pflegeleicht, so daß sie bei der Gartenarbeit kaum ins Gewicht fallen. Die Auswahl an schmackhaften Kräutern ist inzwischen sehr groß. Beim Aussäen oder Einpflanzen

Eine Kräuterspirale bietet viel Platz für die unterschiedlichsten Kräuter

ist nur daran zu denken, daß einjährige Pflanzen jährlich neu ausgesät werden müssen, zweijährige jedes zweite Jahr. Die mehrjährigen treiben bei guter Pflege jedes Jahr mit voller Kraft erneut aus.
Standort: In der Regel bevorzugen Kräuter einen sehr sonnigen Platz, dort entwickeln sie in besonderem Maße ihr Aroma und ihre Wirkstoffe. Eine warme Wand im Hintergrund oder ein wärmespeichernder Findling (ein großer Stein) im Kräuterbeet fördert diesen Effekt. Über die individuellen Ansprüche der zahlreichen Kräuter an Boden und Pflege gibt die Fachliteratur hinreichend Auskunft.
Zusätzlich sollte man bei mediterranen Arten wie Lavendel oder Thymian in harten Wintern eine Reisigabdeckung anbringen. Nichtverholzende Kräuter werden zum Herbst hin abgeschnitten, die verholzenden lediglich bei Bedarf im Frühjahr in Form gebracht.

Nützliche Geräte

Im Gemüse- und Kräutergarten bieten Qualitätswerkzeuge die beste Gewähr für ein problemloses Arbeiten. Hier einige Beispiele für sinnvolle Geräte: Der Idealspaten und die Idealgrabegabel sind solide gearbeitet, aus geschmiedetem Stahl, mit belastungsfähigem Stiel und Griff. Stahlblatt und Holzstiel sind in einer bolzengesicherten Verankerung sicher haltend verbunden.
Ein auf verschiedene Reihenbreiten verstellbarer Kultivator ist ebenso unerläßlich wie zwei Harken unterschiedlicher Breite. Unentbehrlich ist auch eine Hacke zur Bodenlockerung und Unkrautbekämpfung. Empfehlenswert für die Aussaat sind Reihenziehgerät und Aussaatrolle. Nützlich außerdem sind Folien und Vliese zum Verfrühen der Ernte, Pflanzleine und Pflanzkelle und nicht zuletzt eine leicht zu handhabende Schubkarre.

Rasen richtig pflegen

Rasen – welche Faszination geht von diesem Wort aus, denkt man dabei doch an Freizeit und Entspannung. Vielfältig läßt er sich nutzen als Spiel- oder Sportrasen oder ästhetisch vollendeter Zierrasen. Nicht zu vergessen ist die Blumenwiese, die mit ihrer Bauerngartenatmosphäre den kleinsten Flecken Erde in ein Meer aus Gräsern, Margeriten, Nelken, Lilien, Glockenblumen und vieles mehr verwandelt. Aber gleichgültig, welcher Rasentyp angepflanzt wurde, eine fachgerechte und regelmäßige Pflege ist immer notwendig, damit der Rasen seine optische Wirkung behält und seinen »Zweck« erfüllt.

Tips für den Schnitt

Dazu gehören das Mähen, Schneiden und Trimmen. Wie oft Sie Ihren Rasen schneiden müssen, hängt vom Rasentyp, von der Nährstoff- und Wasserversorgung, der Flächengröße und dem Wachstum der verwendeten Grasarten ab.

Schnitthäufigkeit
Rasengräser wachsen während des Jahres nicht gleichmäßig. Die Hauptwachstumszeit liegt zwischen Ende April und Mitte Juni und noch ein zweites Mal im August. Je nach Klima- und Witterungsbedingungen können sich aber Veränderungen ergeben. So kann die Wachstumsperiode im milden Rheintalklima schon im Februar beginnen, während sich in kühleren Höhenlagen das Ergrünen des Rasens bis Anfang Mai verzögern kann. Für die Praxis bedeutet das, daß im Frühjahr, zwischen Mai und Juni, häufiger und ab Herbst seltener geschnitten werden muß.

Eine traumhaft schöne Blumenwiese, wie sie in vielen Gärten angelegt werden kann

Beim Zeitpunkt des Mähens kann man sich an der »Goldenen Schnittregel« orientieren, die lautet: Schnitt = normale Wuchshöhe + $\frac{1}{2}$ normale Wuchshöhe.
Ein Rasen, bei dem die normale Höhe 40 mm beträgt, wird also bei etwa 60 mm wiederum auf die normale Wuchshöhe geschnitten, man mäht also immer ein Drittel des Grases weg.
Die Häufigkeit des Schnitts hängt aber auch von den Ansprüchen, die an den Rasen gestellt werden, und vom Wachstum der Gräser ab:

- Zier-, Park- und Spielrasen sollte 1- bis 2mal pro Woche gemäht werden.
- Weniger gebrauchter Rasen wie Blumenwiese oder Landschaftsrasen wird nur 1- bis 3mal im Jahr geschnitten.

In erster Linie sollte immer auf die oben erwähnte normale Aufwuchshöhe geachtet und dementsprechend die Schnitthäufigkeit gewählt werden.

Schnitt und Grasart

Die Zusammensetzung der Gräser ist ebenso zu beachten. Alle Grasarten, die heutzutage in den verschiedenen Rasenmischungen eine Verwendung finden, vertragen einen häufigen Schnitt, sie sind sogar darauf angewiesen, um auf Dauer gesund zu bleiben. Allerdings gibt es gewisse Unterschiede:

- Die empfohlene Schnitthöhe für viele Straußgrasarten liegt bei 5 bis 10 mm.
- Die Einjährige Rispe und das Rote Straußgras auf 10 bis 20 mm herunterschneiden,
- die Rotschwingelarten in einer Höhe von 20 bis 30 mm stehenlassen,
- das Deutsche Weidelgras sowie die Wiesenrispe nur auf 30 bis 50 mm zurückschneiden.

Es ist sinnvoll, diese Empfehlungen zu beachten, denn werden diese Höhen unterschritten, kann das zu Schädigungen der Grasnarbe führen.
Allgemein gilt, je kürzer geschnitten wird, desto dichter ist die Rasennarbe, denn desto mehr Triebe bilden die Gräser pro m^2 aus.

Ein gut gepflegter englischer Rasen strahlt Ruhe und vollendete Ästhetik aus

Rasentyp und Schnitthöhe

Auch die Schnitthöhe ist von verschiedenen Faktoren abhängig. Der wohl wichtigste davon ist, für welche Nutzung der Rasen bestimmt ist. Da der gesamte Rasen immer gleichzeitig geschnitten wird, sollte der Rasentyp zuerst beachtet werden.

Rasentyp	Schnitthöhe
Zierrasen	10 bis 20 mm
Sportrasen	30 bis 40 mm
Spiel- und Gebrauchsrasen	30 bis 50 mm
Parkplatz- oder Schattenrasen	50 bis 60 mm
Landschaftsrasen (wenig genutzt)	60 bis 80 mm

Im Gartenfachhandel sind die verschiedensten Mähertypen erhältlich, deren Eignung und Einsatz sich nach der Rasenfläche, dem Gelände (eben, hügelig), dem Rasentyp und dem Preis, den der Gärtner bezahlen möchte, richten. Man unterscheidet zwei Rasenmähertypen: Spindel- und Sichelmäher. Es gibt sie als Elektro-, Akku- und Benzinmäher oder Rasentraktoren. Wichtig bei allen Geräten ist, daß die Messer immer scharf sind und daß man sich genau an die Pflege- und Wartungsvorschriften der einzelnen Typen hält. Bei Elektromähern ist darauf zu achten, daß beim Gebrauch das Stromkabel immer seitlich zur Mährichtung liegt.

Spindelmäher

Beim Spindelmäher, den es auch als Handmäher gibt, bewegen sich die Schneidemesser horizontal. Das Schnittbild ist sehr scharf und sauber, da die Messer eine hohe Rotationsgeschwindigkeit besitzen. Besonders feine Rasenflächen (Zier- und Parkrasen), die sehr häufig geschnitten werden sollen, können mit diesem Typ sehr gut gepflegt werden. Außerdem ist er sehr leise und damit umweltfreundlich, und die Arbeit mit ihm ist recht ungefährlich.
Sehr große Rasenflächen werden mit Mähern geschnitten, die 3 bis 5 Schneideeinheiten besitzen. Damit kann man eine große Fläche in kurzer Zeit mähen. Die Messer sollten immer bei Bedarf nachgestellt bzw. geläppt werden. Der Fachhandel hilft Ihnen dabei.

Sichelmäher

Die meisten Gebrauchsrasen im Garten werden mit einem Sichelmäher gepflegt. Bei diesem Typ bewegen sich die Schneidemesser um eine senkrechte Achse, und durch die propellerartige Bewegung entsteht ein Sog, in dem sich die Gräser aufrichten und geschnitten werden. Es können Grashöhen bis zu 30 cm geschnitten werden, wobei immer darauf zu achten

Rasenmähertypen: Spindelmäher schneiden wie eine Schere (links und oben), Sichelmäher wie eine Sense (rechts und Mitte)

ist, daß die Halme scharf abgeschnitten werden. Durch ein Ausfransen können leichter Krankheitserreger eindringen. Die Arbeit mit dem Sichelmäher birgt einige Gefahrenquellen. An den scharfen Messern kann man sich sehr leicht verletzen, daher sollte man Stahlkappenschuhe beim Mähen tragen. Außerdem ist beim Reinigen der Messer höchste Vorsicht geboten.

Andere gängige Rasenmäher

Luftkissenmäher haben senkrecht rotierende Messer. Sie sind leicht zu handhaben, und es lassen sich geneigte Flächen sowie Böschungen gut damit mähen.
Mäher, die häckseln: Von einigen Rasenmäher-Herstellern werden Typen angeboten (Mulchmäher), die das Gras so fein häckseln, daß es als Mulch auf dem Rasen verbleiben kann. Es bildet sich weniger Rasenfilz, und einem Austrocknen des Rasens wird vorgebeugt.
Mäher mit vorgeschaltetem Vertikutierer: Damit wird in einem Arbeitsgang der Rasen von Moos und Wildkräutern befreit und gleichzeitig gemäht. Das Mähgut wird in einem Fangkorb gesammelt.

Der richtige Rasenmäher

Für die richtige Wahl des Mähers ist zuerst die Größe des Rasens ausschlaggebend, denn sie bestimmt die Schnittbreite des Rasenmäher.

Rasenfläche	Schnittbreite
bis 200 m^2	32 cm
bis 500 m^2	40 cm
bis 1.000 m^2	46 bis 48 cm
ab 1.000 m^2	76 bis 107 cm

Haben Sie die richtige Schnittbreite ermittelt, stellt sich die Frage, ob Sie einen Elektro- oder Benzintyp wählen. Wenn kein Stromanschluß vorhanden ist oder er so weit entfernt liegt, daß man ein langes Kabel benötigt, sollte die Wahl auf ein benzinbetriebenes Modell fallen. Es gibt lärmarme Geräte, die mit dem Blauen Umweltengel gekennzeichnet sind.

Pflege des Rasenmähers

Die meisten Mäher sind weitgehend wartungsfrei, doch müssen sie im trockenen Zustand trotzdem regelmäßig mit einem Handbesen, einer Bürste oder einer Spachtel von alten Grasresten und Schmutz befreit werden. Die Messerachsen vertragen hin und wieder auch etwas Schmieröl. Außerdem sind für ein gutes Schnittbild scharfe Messer sehr wichtig. Um dies zu prüfen, ziehen Sie ein Blatt Papier über die Messer. Wird das Blatt von der Klinge zerschnitten, ist die Schärfe ausreichend, anderenfalls lassen Sie die Messer im Fachhandel nachschärfen.
Beim »ersten Schnitt« im Frühjahr stellen Sie den Mäher so hoch ein, daß nur die Blattspitzen leicht gekappt werden. Von Schnitt zu Schnitt werden die Messer etwas tiefer eingestellt, bis zur gewünschten Höhe. Bei länger anhaltender Trockenheit lassen Sie die Gräser etwas höher stehen, da der Rasen sonst noch mehr an Feuchtigkeit verliert, oder Sie bewässern die Fläche gleich nach dem Schnitt.

Wohin mit dem Schnittgut?

Durch das Entfernen des Mähgutes werden dem Rasen Nährstoffe entzogen. Läßt man hingegen den Rasenschnitt als Mulch liegen, bleiben die meisten Nährstoffe an Ort und Stelle und werden dem Boden wieder zugeführt. Wenn die Gräser nicht sehr hoch sind, junges Gras geschnitten wird, trockene Witterung herrscht und eine gleichmäßige Verteilung gewährleistet wird, kann das Schnittgut liegenbleiben. Für das Entfernen spricht, daß die Filzbildung verhindert wird. Auch können Sie die Ausbreitung von Unkrautsamen und Krankheiten vermindern und eine Schädigung des Rasens durch ungleichmäßige Verteilung des Schnittgutes vermeiden.

Trimmen und Kantenschneiden

Auf Flächen, die man mit dem Rasenmäher nicht erreicht, wie unter Büschen und an Mauern, können Rasentrimmer oder Rasenscheren eingesetzt werden. Diese Geräte sind leicht zu bedienen und in den verschiedensten Varianten im Handel zu bekommen. Rasentrimmer sind meist nur als Elektrogeräte erhältlich, Rasenscheren dagegen gibt es als mechanisches oder im Akkubetrieb laufendes Modell. Die Leistungsspanne von Rasentrimmern reicht von 200 bis 450 Watt und sie besitzen unterschiedliche Schnittkreisdurchmesser. Die Fadennachstellung erfolgt bei den meisten Trimmern automatisch oder durch einfaches Auftippen. Drehbare Handgriffe und höhenverstellbare Teleskopstiele ermöglichen eine bequeme Arbeitshaltung. Bei sehr hohem Gras und viel Wildwuchs lassen sich elektrische oder benzinbetriebene Motorsensen einsetzen, wobei starke Nylonfäden das Gras glatt und gleichmäßig abschneiden.

Ein Rasentrimmer sorgt für einen sauberen Schnitt an Ecken und Kanten

Rasen bewässern

Gräser sind recht unempfindlich gegen Trockenheit, mit Ausnahme von Rotschwingel. Doch zu lange Zeit ohne Wasser schädigt die meisten Rasenflächen. Die Gräser färben sich leicht blau und haben ein mattes Aussehen. Die Blätter rollen

Besonders leicht und anwendungsfreundlich sind die Akku-Grasscheren

sich etwas ein und nach dem Betreten richten sie sich nicht mehr auf. Bei diesen Anzeichen ist es Zeit für eine gründliche, durchdringende Wässerung.

Die Wassermenge sollte in der Regel mindestens 15 l/m^2 betragen, besser sind 20 bis 25 l/m^2. Abweichungen ergeben sich durch die unterschiedlichen Rasentypen, Bodenarten und klimatischen Verhältnisse. Bei Temperaturen von 25 bis 30 °C verbraucht ein Rasen zwischen 3 und 4 l/m^2.

Gießregeln: Führen Sie das Wasser langsam zu, um eine Überschwemmung und Bodenverdichtung zu vermeiden. Es ist besser, einmal pro Woche 3 bis 4 Stunden intensiv zu wässern als täglich geringe Mengen. Der Boden sollte 15 bis 20 cm tief gut durchfeuchtet sein. Abends wässern, so kann das Wasser über Nacht versickern.

Geräte für die Rasenbewässerung

Für die Bewässerung Ihres Rasens stehen viele verschiedene Geräte zur Verfügung.

Mit Impuls- oder Rückstoßregner können Sie kreisförmige Flächen recht gleichmäßig beregnen. Manche Geräte sind auf verschieden große Flächen einstellbar und eignen sich auch für eine Sektor- oder Vollkreisberegnung.

Es gibt sogar programmierbare Systeme, die eine Beregnung von verschiedenförmigen Flächen möglich machen. Die meisten Geräte können 75 bis 475 m^2 Rasen mit Wasser versorgen.

Kreisregner drehen sich in gleichmäßiger Geschwindigkeit um eine senkrechte Achse und eignen sich für runde sowie asymmetrische Grünflächen. Die Größe der beregneten Fläche kann je nach Typ zwischen 50 und 150 m^2 liegen.

Sprühregner rufen einen »Nieseleffekt« hervor. Damit können etwa 70 m^2 Fläche

Impulsregner für die Rasenbewässerung

beregnet werden, allerdings mit über 22 l/m^2 und Stunde.

Bei Viereckregnern wird das Wasser über eine waagrecht liegende Achse durch Düsen gepreßt. Dadurch kann man genau einstellbare rechteckige Flächen mit den unterschiedlichsten Formen bewässern.

Bei Perlschläuchen treten zum Bewässern des Rasens feine Wassertropfen aus dem Schlauch. Die Schläuche werden oberflächig im Rasen verlegt, sind beliebig verlängerbar und besonders für kleine Rasenflächen eine wassersparende Lösung.

Aerifizieren

Verdichtete Rasenflächen sind vor allem bei Spiel-, Sport- und anderen Gebrauchsrasen ein Problem. Die Wurzeln erhalten weniger Luft und Wasser, und die Bodenstruktur wird zerstört. Ein schwächeres Wachstum ist die Folge. Um dies zu verhindern, belüften Sie den Rasen möglichst im Frühjahr oder zeitigen Herbst. Dabei werden mit geschlossenen Stacheln oder Hohlstacheln Löcher in den Boden gestoßen. Geschlossene Zinken sollten bei gering verdichteten Böden angewendet werden. Sie hinterlassen bis zu 10 cm

tiefe Löcher, die man mit Sand auffüllt, um einer Verschlämmung vorzubeugen.
Aerifiziergeräte gibt es als einfache Gabeln oder Hand- und Motorgeräte. Mehr für größere Rasenflächen geeignet sind die Aerifiziergeräte mit Hohlzinken. Durch das Eigengewicht des Gerätes werden kleine Erdkegel nach außen geworfen. Die Zahl der Löcher ist von der Verdichtung und der Bodenart abhängig. Die meisten Geräte stechen etwa 100 Löcher pro m^2. Die Erdpfropfen können gesammelt, getrocknet und gesiebt wieder auf den Rasen gebracht werden.

Verdichtetes Rasenstück

Vertikutieren

In Rasenflächen kommt es oft zur Bildung von Filz, wodurch trotz Bewässerung und Düngung das Wachstum gehemmt wird. Die Wurzeln wachsen nicht in den Boden, sondern breiten sich oberflächlich aus. Der Rasen wird anfälliger für Krankheiten. Verhindern läßt sich die Filzbildung durch:

- einen pH-Wert im Boden von 5,5 bis 6,5,
- geringe Stickstoffdüngung,
- Ansaat von Arten, die weniger stark zur Filzbildung neigen.

Beim Vertikutieren oder Senkrechtschneiden dringen vertikal stehende Messer in die Grasnarbe ein, wodurch der Filz entfernt wird. Für kleine Rasenflächen eignen

Verschiedene Handvertikutierer und ein motorbetriebener Vertikutierer (unten rechts)

sich Handgeräte, die über den Rasen gezogen werden. Bei größeren Flächen sind elektrisch betriebene Vertikutierer mit Fangsack zu empfehlen.
Wichtig sind scharfe Schlitzmesser, die im Abstand von 2 bis 3 cm stehen und 5 bis15 mm tief in den Boden eindringen. Vor dem Vertikutieren müssen Sie das Gras kurzmähen. Es reicht meistens aus, den Rasen im Frühjahr einmal zu vertikutieren. In die entstandenen offenen Stellen kann man Rasensamen nachsäen.

Rasen düngen

Düngen zählt zu den unerläßlichen Pflegemaßnahmen. Wird der Rasen nicht gedüngt, so können sich der Wuchs vermindern und Verfärbungen der Rasenfläche einstellen. Durch eine Bodenanalyse (siehe Seite 16) lassen sich der Gehalt an pflanzenaufnehmbarem Stickstoff, Phosphor und Kalium sowie der pH-Wert des Bodens ermitteln. Die Ergebnisse helfen Ihnen, den Dünger genau zu dosieren und eine Über- oder Unterversorgung zu vermeiden.

Dünger: Es gibt spezielle Rasendünger, die als Langzeitdünger die Nährstoffe langsam und in geringen Mengen an den Boden abgeben. Sie sind auf den Bedarf der einzelnen Rasentypen abgestimmt. Beachten Sie die Herstellerangaben!

Düngeregeln: Gedüngt werden sollte während der Wachstumszeit der Gräser, also ab Ende April bis Ende Oktober. Falls Sie schnell wirksamen Volldünger verwenden, bringen Sie 4 bis 5 Gaben auf den Rasen. Bei den sogenannten Langzeitdüngern genügen 2 bis 4 Gaben. Die Düngung kann im Abstand von 4 bis 5 Wochen erfolgen. Eine Herbstdüngung ist wichtig, da die Wurzeln auch bei leichtem Frost Nährstoffe aufnehmen können.

Ein Beispiel für die Düngung eines Rasens mit Volldünger:
März/April: 10 bis 15 g/m^2
Juni: 4 bis 6 g/m^2
September: 10 bis 12 g/m^2
Oktober/November: 5 bis 6 g/m^2

Dünger ausbringen: Der Dünger kann entweder von Hand oder mit Hilfe eines Streuwagens ausgebracht werden. Dabei

Jährlicher Bedarf an Rasendünger

Rasentyp	Stickstoff (N)	Phosphor (P_2O_5)	Kalium (K_2O)
Landschaftsrasen	0 – 10 g	0 – 5 g	0 – 10 g
Zierrasen	10 – 25 g	3 – 5 g	10 – 15 g
Sportrasen mit geringer Belastung	15 – 25 g	5 – 10 g	10 – 15 g
Sportrasen mit starker Belastung	20 – 35 g	10 – 15 g	15 – 25 g
Gebrauchsrasen mit geringer Belastung	5 – 15 g	3 – 5 g	8 – 12 g
Gebrauchsrasen mit starker Belastung	10 – 25 g	5 – 8 g	10 – 15 g

Angaben = Reinnährstoff pro m^2 (nach Nebelungs Rasenbroschüre)

sollte gleichmäßig gefahren, scharfe Kurven vermieden werden, und die Streuflächen sollten unmittelbar nebeneinanderliegen. Andernfalls kann sich der Rasen Schäden durch Verbrennungen zuziehen.

Rasenkrankheiten und -schädlinge

Pilzkrankheiten treten häufiger auf. Sie verändern das Aussehen des Rasens maßgeblich und stellen eine Bedrohung der Gräser dar, weil diese so stark geschädigt werden können, daß diese absterben.
Wichtiger Hinweis: Bevor Sie zu chemischen Mitteln greifen, müssen Sie unbedingt beim zuständigen Pflanzenschutzamt klären, ob eine chemische Bekämpfung erlaubt ist. Die gesetzlichen Vorschriften, die den Einsatz von chemischen Pflanzenschutzmitteln regeln, sind in den letzten Jahren umfangreich und streng geworden.

Hexenringe

Dieser Pilz wächst kreisförmig im Rasen. Es entsteht eine tote Graszone, da die Graswurzeln an der Wasseraufnahme gehindert werden. Durch intensives Aerifizieren und/oder Abbrechen der Pilzhüte lassen sich die Hexenringe entfernen.

Schneeschimmel/Fusariumflecken

Im Frühjahr können gelbe und braune Flecken im Zier- oder Sportrasen auftreten, vor allem bei Deutschem Weidelgras, Wiesenrispe und Straußgräsern.
Eine Kräftigung durch Kalidüngung, keine zu späte Stickstoffdüngung im Herbst, Aerifizieren und Vertikutieren helfen bei der Bekämpfung.

Rotspitzigkeit

Meist tritt sie nach feuchter Witterung als feine rosa Flecken an den Gräsern, besonders bei Rotschwingel, auf. Eine Bekämpfung ist durch eine verbesserte Nährstoffversorgung möglich.

Tierische Schädlinge

An tierischen Schädlingen kommen die Schnakenlarven, die Wühlmäuse und teilweise auch die Ameisen im Rasen vor.
Schnakenlarven sind dicke braune Larven mit starken Mundwerkzeugen, die Wurzeln und Sprosse fressen. Auch hier muß man vor der Anwendung von chemischen Mitteln eine Anfrage an das zuständige Pflanzenschutzamt richten.
Wühlmäuse können ebenfalls unterirdische Pflanzenteile fressen und dem Rasen schaden. Zudem beeinträchtigen die von ihnen aufgeworfenen Erdhaufen das Gesamtbild des Rasens. Das fachgerechte Aufstellen von Fallen, wie Drahtring-, Röhren- oder Zangenfallen, direkt in den Mausgang ist die sicherste Methode.

Pflanzeninseln, in einem gepflegten Rasen angelegt, sehen sehr dekorativ aus

Sträucher und Hecken richtig pflegen

Gehölze zählen zu den prägnantesten Pflanzen im Garten. Sie verleihen ihm Struktur und werden über viele Jahre hinweg zu Fixpunkten für die weitere Gartengestaltung. Ihr Erscheinungsbild ist ebenso vielfältig wie ihr Nutzen.

Wissenswertes über Gehölze

Aus gärtnerischer Sicht werden Gehölze nicht nur in die beiden Hauptgruppen Bäume und Sträucher eingeteilt, sondern wesentlich detaillierter gegliedert. In den Katalogen der Pflanzenversender oder in der Baumschule findet man Bezeichnungen wie Ziersträucher und Zierbäume, Heckenpflanzen, Kletterpflanzen und Bodendecker, und den Nadelgehölzen wird in der Regel eine eigene Rubrik bzw. ein eigener Platz gegönnt.

Ziersträucher: Darunter versteht man meist laubtragende Sträucher. Sie zeichnen sich oft durch eine bezaubernde Blütenfülle aus. In Katalogen ist daher auch oft der Begriff Blütensträucher zu finden.

Die Auswahl an Ziersträuchern ist riesig, zumal zu ihnen auch die Rosen, Rhododendren und Azaleen gehören. Es gibt wohl kaum einen Garten, in dem sich kein Zierstrauch anpflanzen ließe.

Viele Zier- oder Laubsträucher sind sommergrün (auch laubabwerfend genannt). Das bedeutet, diese Gehölze verlieren im Herbst ihre Blätter und treiben im Frühjahr neu aus.

Bei den immergrünen Ziersträuchern überdauern die Blätter mehrere Vegetationsperioden. Der Laubwechsel erfolgt bei immergrünen Gehölzen nach und nach, so daß ihr Laub rund ums Jahr eine Zierde im Garten bildet.

Koniferen oder Nadelgehölze sind bis auf wenige Ausnahmen immergrün. Sowohl nadeltragende Sträucher als auch Bäume werden Koniferen genannt. Ihre nadelförmigen Blätter bieten vielfältige Farben, von unterschiedlichen Grüntönen bis hin zu Stahlblau, Grau oder Gelb. Für eine harmonische Gartengestaltung ist folgende Faustregel wichtig: Nadelgehölze sollten nur ein Drittel der im Garten verwendeten Ziergehölze ausmachen.

Bodendecker: Unter diesen Gehölzen sind sowohl Nadelgehölze als auch Blütensträucher zu finden. Ihr Kennzeichen ist der niedrig bleibende, aber flächig ausgebreitete Wuchs.

Hinweis: Den Bäumen und Kletterpflanzen sind eigene Kapitel gewidmet.

Tips für Kauf und Auswahl

Da man eine Sträucherbepflanzung nicht so einfach umgestalten kann wie zum Beispiel ein Beet, sollte man vor dem Kauf die Bepflanzung möglichst gut planen und auch ausreichend Informationen über die gewünschten Pflanzen einholen. Hilfreich dabei ist eine fachmännische Beratung, die in Baumschulen oder gut sortierten Gartencentern meist zu finden ist. Unabhängig von der Pflanzenart sollten Sie folgende Grundregeln beachten:

- Wählen Sie nur Pflanzen aus, deren Ansprüche an Boden, an die Licht-, Feuchtigkeits- und Klimaverhältnisse Sie in Ihrem Garten erfüllen können. Sträucher, die nicht standortgerecht gepflanzt wurden, kümmern vor sich hin.

- Informieren Sie sich über die art- oder sortentypische Wuchshöhe und Ausbreitung des Strauchs. Es ist wenig sinnvoll, einen hochwachsenden, weit ausladenden Strauch in einen winzigen Garten zu pflanzen, um ihn dann ständig auf die passende Größe zurechtzustutzen.
- Wenn der Garten groß genug ist, daß mehrere Sträucher, eine Hecke und vielleicht sogar Bäume darin Platz finden, sollte man auf einer maßstabgerechten Skizze des Gartens die Verteilung der Gehölze planen.
- Man beginnt mit den Bäumen und Koniferen, die das gestalterische Gerüst bilden, ordnet ihnen dann die Ziersträucher der Größe nach (von groß nach klein) zu, berücksichtigt dabei bestehende als auch neue Bepflanzung.
- Es lohnt sich, die arttypischen Merkmale der Pflanzen aufeinander abzustimmen, also Blütezeit, Form und Farbe der Blüten und Blätter (Herbstfärbung!) und Zierwert der Früchte.
- Natürlich ist auch darauf zu achten, daß die geplante Sträucherbepflanzung einen Wert für die Tierwelt im Garten besitzt. Vögel und Insekten sollen darin Schutz, Nahrung und Unterschlupf finden. Auskunft über entsprechende Arten bekommt man in Baumschulen und Gartencentern.

Anzahl der Pflanzen: Um den Pflanzenbedarf ausrechnen zu können, informiert man sich über die wuchsbedingten Pflanzabstände. Daraus ergibt sich die Anzahl der Pflanzen für die vorgesehene Fläche.

Pflanzengröße: Ideal ist es, wenn bereits im zweiten Pflanzjahr die Sträucherbepflanzung das gewünschte Gesamtbild erreicht hat. Dafür benötigt man bei vielen Arten ausgewachsene, größere Pflanzen. Nicht immer ist es preiswerter, jüngere Pflanzen zu nehmen. Für einen Laien ist es oft nicht einfach, die Preisgestaltung bei Sträuchern zu durchschauen. Der Preis

Die Weigelie, ein robuster Zierstrauch, zeichnet sich durch ihre herrliche Blütenfülle aus

hängt nämlich nicht nur von der Größe der Pflanzen ab, sondern auch davon, wie oft sie in der Baumschule verpflanzt wurden. Mehrfach verpflanzte Sträucher (in der Fachsprache verschulen genannt) besitzen ein sehr gut entwickeltes Wurzelwerk, wodurch sie an ihrem neuen Platz im Garten wesentlich besser anwachsen.

Gesetzliche Bestimmungen: Wenn man Sträucher in der Nähe der Grundstücksgrenze pflanzen will, muß man sich unbedingt vorher bei der Gemeinde- oder Stadtverwaltung nach den rechtsverbindlichen Grenzabständen erkundigen. Diese Grenzabstände sollte man unbedingt einhalten, um sich später möglichen Ärger mit dem Nachbarn zu ersparen.

Sträucher pflanzen

Nachdem man die Pflanzen standortgerecht ausgewählt hat, wird die Pflanzfläche vorbereitet. Sie muß unkrautfrei sein, vor allem Wurzelunkräuter wie Quecke, Giersch, Disteln, Löwenzahn und Kleiner Sauerampfer muß man vollständig entfernen. Ganz besonders wichtig ist die Bodenlockerung. Oft kommen Pflanzen im Wachstum nicht voran, weil sie in verdichtetem Boden stehen. Darin bekommen die Wurzeln keine Luft und stehen in stauender Nässe. Man muß also den Boden mit dem Spaten oder der Grabegabel tiefgründig lockern. Anschließend wird reifer Kompost eingearbeitet.

Ideal ist es, wenn Sie einige Wochen vor dem Einsetzen der Gehölze auf der Pflanzfläche Gründüngerpflanzen (Lupinen), die den Boden lockern, aussäen. Sie pflegen den Boden in vielerlei Hinsicht und »produzieren« auch ausreichend Humus.

Pflanztermin: Gehölze im Container kann man jederzeit einpflanzen, solange der Boden nicht gefroren ist. Ballenware oder wurzelnackte Ware pflanzt man am besten im Herbst: Koniferen ab September, Laubgehölze ab Ende Oktober. Frostempfindliche Arten setzt man besser im Frühjahr. Bis Mitte April sollten dann die Pflanzarbeiten erledigt sein.

Geräte für die Pflanzarbeit: Sie benötigen einen kräftigen, stabilen Spaten, eine Schubkarre, einen Gartenschlauch mit Spritzdüse und eine Harke. Ist ein Pflanzschnitt nötig, brauchen Sie eine gute Gartenschere. Müssen Stützpfähle gesetzt werden, braucht man einen Vorschlaghammer, Kokosstrick und ein scharfes Messer.

So wird gepflanzt

Die Gehölze dürfen nicht lange in der Sonne oder dem Wind ausgesetzt herumliegen. Schützen Sie die Pflanzen bis zum Einsetzen mit einer Plane oder nassen Säcken. Wurzelnackte Pflanzen in Erde einschlagen. Wurzelnackte Rosen über Nacht in Wasser stellen. Containerpflanzen vor dem Setzen gründlich wässern. Legen Sie die Pflanzen gemäß Ihrer Planung auf der Pflanzfläche aus. Aber immer nur so viele, wie im Laufe der nächsten halben Stunde verarbeitet werden.

Beim Pflanzen gehen Sie so vor:

- Für jede Pflanze ein Pflanzloch ausheben, das um etwa eine Spatenbreite breiter und tiefer ist als die Wurzelgröße. So finden alle Wurzeln genügend Platz und knicken nicht um.
- Falls erforderlich, den Pflanzschnitt vornehmen (siehe Seite 55).
- Dann das Gehölz in die Grube setzen. Von der Seite her das Pflanzloch mit Erde anfüllen, dabei die Pflanze hin und wieder vertikal rütteln, damit alle Zwischenräume der Wurzeln mit Erde gefüllt werden.

- Die Pflanze in der Höhe so ausrichten, daß sie so tief im Boden steht, wie sie zuvor beim Gärtner gestanden hat.
- Das Pflanzloch zu zwei Dritteln mit Erde auffüllen, die Erde dann kurz festtreten und kräftig wässern. Bei Ballenware jetzt den Knoten des Leinens lösen, das Tuch nicht entfernen.
- Das Pflanzloch nun vollständig mit Erde auffüllen, die Erde leicht antreten und gründlich wässern.

Hinweise: Bei allen Rosen, Wild- und Stammrosen ausgenommen, muß sich die Veredelungsstelle 5 cm unter der Erde befinden. Bei Rhododendren und Azaleen

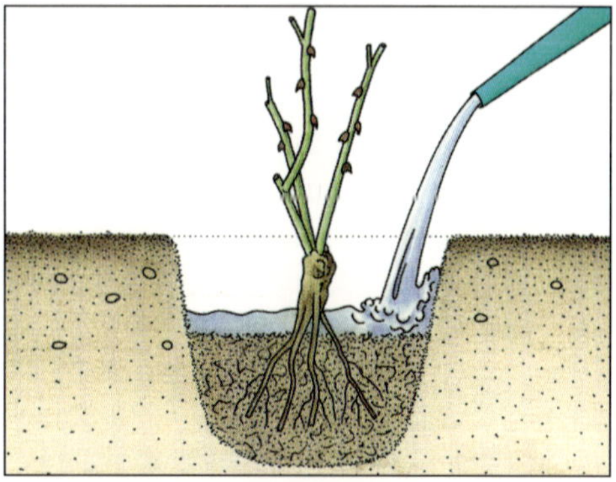

Achten Sie bei Rosen darauf, daß die Veredelungsstelle nach dem Einpflanzen etwa 5 cm hoch mit Erde bedeckt ist

Wenn das Pflanzloch vollständig mit Erde gefüllt ist, tritt man die Erde gut an. Danach wässert man durchdringend

muß die Pflanzerde reichlich mit feuchtem Torf vermischt werden. Ersatzweise kann man Nadelkompost nehmen. Auch Koniferen und viele immergrüne Laubgehölze sind für eine Torfgabe dankbar.

Stützpfahl anbringen

Größere Pflanzen, die vom Wind losgerüttelt oder gar umgeworfen werden könnten, sollte man mit einem Baumpfahl stützen. Der Pfahl wird schräg, dicht hinter dem Stamm bzw. hinter den Haupttästen der Pflanze gestellt, und zwar auf die der Windrichtung entgegengesetzten Seite. Nur so drückt dann der Wind die Pflanze gegen den stützenden Pfahl und nicht von ihm weg. Der Pfahl wird mit dem Hammer so weit in den Boden getrieben, bis er fest steht. Mit einer Achterschlaufe wird das Gehölz an dem Pfahl festgebunden. Die Schlaufe darf das Gehölz nicht einschnüren, deshalb muß man sie nach dem Anwachsen von Zeit zu Zeit gegebenenfalls erweitern. Nach zwei Jahren sind die Pflanzen meist so fest verwurzelt, daß Sie den Pfahl entfernen können. Lediglich Stammrosen brauchen ihr Leben lang einen Stützpfahl.

Sträucher pflegen

Während der Anwachsphase sollte ausreichend gewässert werden. Wenn die Pflanzen fest verwurzelt sind, muß man nur selten gießen, da sich die Pflanzen auf die verfügbare Feuchtigkeitsmenge einrichten, wenn sie am richtigen Standort stehen. Eine Schicht aus Rindenmulch oder eine flächige Bepflanzung mit Stauden oder Bodendeckern hilft, den Boden vor zu starker Austrocknung zu schützen.

Müssen Sie bei lang anhaltender Trockenheit wässern, sollten Sie stets in den frühen Morgenstunden oder am späten Abend gießen, niemals bei praller Sonne. Gegossen wird nur direkt in den Wurzelbereich. Eine Bewässerung »von oben« über die Blüten und Blätter fördert Pilzbefall (Mehltau, Rußtau, Botrytis) und verregnet unnötigerweise die Blüten.
Wichtig: Koniferen, Rhododendren und andere immergrünen Laubgehölze vor Beginn der starken Fröste noch einmal reichlich und durchdringend wässern!

Sträucher düngen

In der Regel wird ein Düngen der Gehölze nicht nötig sein, weil sie mit ihrem weiten Wurzelsystem genügend Boden nach Nährstoffen »durchsuchen« können. Vor allem braucht man nicht zu düngen, wenn immer wieder einmal reifer Kompost unter den Gehölzen flach in den Boden eingearbeitet wird. Besteht dennoch Düngebedarf, verwendet man organische Dünger, die im Fachhandel angeboten werden. Bei Mineraldüngern ist Vorsicht geboten: Rhododendren vertragen keinen chlorid- und kalkhaltigen Dünger, für Koniferen sollte ebenfalls ein chloridarmer Dünger verwendet werden.

Unter Sträuchern sollte man mulchen

Düngeregeln: Der geeignete Zeitpunkt für die Düngung mit organischen Düngepräparaten ist für die erste Gabe Anfang bis Mitte Mai, für die zweite Gabe Anfang bis Mitte Juli. Danach wird nicht mehr gedüngt. Generell nicht auf trockene Böden düngen, gegebenenfalls zuvor wässern. Düngemittel immer leicht einarbeiten, am besten in Verbindung mit einer kleinen Wassergabe.

Bodenbearbeitung unter Sträuchern

Wer sich an den Gestaltungsgrundregeln orientiert und die Gehölze unterpflanzt, wird nahezu keine Arbeit mit der Bodenpflege haben. Eine aufgetragene Mulchdecke bewirkt ebenfalls eine starke Entlastung, da man dann nur den vereinzelt auftretenden Wildwuchs entfernen muß. Eine tiefgründige Bodenbearbeitung ist nicht zu empfehlen, weil dabei zu viele Wurzeln beschädigt werden. Leichtes flachgründiges Hacken dagegen, vor allem nach einem kräftigen Regen, lockert den Boden und ist somit den Pflanzen dienlich.

Schilfmatte als Winterschutz für Rosen

Winterschutz für Sträucher
Um Ziergehölze gesund über den Winter zu bringen, ist zum Teil ein Winterschutz erforderlich. Die wichtigsten Maßnahmen:

- Nach Mitte Juli nicht mehr düngen.
- Immergrüne Laubgehölze und Koniferen vor Wintereinbruch kräftig wässern.
- Vor dem ersten Frost den gesamten Wurzelbereich des Gehölzes mulchen.
- Rosen mit Erde anhäufeln (nicht mit Torf!). Aufgelegtes Fichtenreisig gibt zusätzlichen Schutz. Stammrosen werden am einfachsten vollständig in Fichtenreisig eingebunden.
- Immergrüne Laubgehölze können durch aufgestellte Strohmatten und aufgelegtes Fichtenreisig vor schädigender Wintersonne – vor allem im Spätwinter – geschützt werden.
- Um ein Abbrechen von Zweigen durch Schnee zu verhindern, bei starker Schneelast das winterliche Weiß von den Zweigen schütteln.

Sträucher schneiden

Leider wird in manchen Gärten geschnitten, ohne die Eigenarten der jeweiligen Pflanze zu berücksichtigen. Das führt oft zu Blütenverlusten und untypischen Pflanzenformen, die die natürliche Schönheit eines Gehölzes zunichte machen.
Schneiden sollte man nur, wenn es tatsächlich dem Gedeihen der Pflanze nutzt. Dies gilt für alle Gehölze, ob Laub- oder Nadelgehölz. Es gibt einige Faustregeln für den Gehölzschnitt: Tote Triebe stets entfernen. Krankes Holz so frühzeitig wie möglich abschneiden. Der günstigste Schnittzeitpunkt liegt meist zwischen Spätherbst und Austrieb, an frostfreien Tagen. Ausnahmen: Frostempfindliche Pflanzen erst im Frühjahr schneiden, Frühjahrsblüher erst nach der Blüte.

Geeignete Werkzeuge für den Gehölzschnitt sind: eine Gartenschere, die am besten aus leichtem Aluguß bestehen und eine auswechselbare Klinge besitzen sollte, eine stabile Astschere, eine Bügelsäge mit verstellbarem, nachspannbarem Sägeblatt sowie eine Gartenhippe zur Wundbehandlung. Für den Verschluß von Wunden, die im Durchmesser größer als 3 cm sind, verwendet man ein Wundverschlußmittel aus dem Fachhandel.

Der Pflanzschnitt
In Baumschulen und Gartencentern wird der Pflanzschnitt auf Wunsch beim Kauf des Gehölzes ausgeführt. Ein Pflanzschnitt ist wichtig bei wurzelnackten Gehölzen: Durch das Verpflanzen verlieren sie an Wurzeln, so daß man auch die Blattmasse verringern muß. Zudem fördert der Schnitt den Aufbau der Pflanze nach dem Austrieb. Nicht nötig ist ein Pflanzschnitt bei Ballen- und Containerpflanzen.
Wenn Sie den Pflanzschnitt selbst vornehmen, beachten Sie folgendes: Ziersträucher wie Forsythie, Zierjohannisbeere, Pfeifenstrauch und ähnliche werden um etwa die Hälfte zurückgeschnitten.

Blutjohannisbeere und Forsythie

Um rund zwei Drittel schneidet man Sommerflieder, Bartblume, Rispenhortensie, sommerblühende Spiersträucher und ähnliche Gehölze zurück. Wenn diese Gehölze im Herbst gepflanzt werden, darf der Rückschnitt erst im Frühjahr erfolgen!
Bei Rosen verhält es sich ebenso. Sie werden dann im Frühjahr sehr sorgfältig geschnitten, indem man Totholz und nach innen wachsende Triebe vollständig entfernt. Haupttriebe schneidet man auf 5 bis 7 Augen (Triebknospen) zurück, Nebentriebe auf 3 bis 5 Augen, die stets nach außen weisen sollten.

Pflege- und Verjüngungsschnitt

Bei dieser Schnittmaßnahme muß der Hobbygärtner sich seine Pflanze genau anschauen. Gehölze, die nicht regelmäßig mit langen dünnen Trieben aus dem Boden wachsen, um sich zu verjüngen, werden anders behandelt als diejenigen, die ebendieses tun.
Kein regelmäßiger Schnitt ist bei den zur ersten Gruppe zählenden Gehölzen nötig, zum Beispiel bei Zierapfel, Magnolien, Scheinhasel und dergleichen. Sie werden bestenfalls von toten, kranken, nach innen wachsenden oder an anderen Ästen scheuernden Trieben befreit.
Wird die spätere Pflanzengröße beim Pflanzen bereits bedacht, kann man sich an ihrer ausgewachsenen Pracht lange erfreuen. Muß man trotzdem einmal eine Pflanze verkleinern, so erfolgt der Schnitt gleichmäßig um die Pflanze herum und jeweils bei einer geeigneten, jungen Verzweigung. Die charakteristische Wuchsform soll erhalten bleiben!
Regelmäßig verjüngt werden die Pflanzen der zweiten oben genannten Gruppe. Sie bilden bodenbürtige Verjüngungstriebe, so zum Beispiel Holunder, Forsythie, Pfeifenstrauch. Zweck des Verjüngungsschnittes ist, ein Verfilzen des Geästs zu vermeiden und die Blühfreudigkeit zu erhalten. Etwa alle drei Jahre werden bei diesen Pflanzen die dicken, verzweigten Triebe herausgenommen, die dünnen ein- und zweijährigen Triebe aber belassen, nur nötigenfalls eingekürzt. Die typische Wuchsform der Pflanze sollte durch den Schnitt nicht verändert werden!
Wildtriebe entfernen: Entstehen an veredelten Ziergehölzen, etwa Zieräpfeln, Zierkirschen, einigen Schneeballarten oder an Rosen Wildtriebe (Austriebe der Veredelungsunterlage), so sollte man sie am besten schon beim Erscheinen bis zu ihrer Zweigbasis freilegen und abreißen. Nicht abschneiden, dies führt in der Regel zu ihrem Neuaustrieb!
Wichtig: Informieren Sie sich beim Kauf des Gehölzes über die individuell notwendigen Schnittmaßnahmen.

Tips für den Rosenschnitt

Bei Rosen ist der Schnitt etwas aufwendiger als bei den meisten anderen Gehölzen. Hier einige grundlegende Tips:
Wildrosen: Bei Bedarf auslichten, indem man alte Triebe herausnimmt, ansonsten nur mit leichtem Schnitt in Form halten.
Strauchrosen: Im Frühjahr auslichten, nach innen wachsende Triebe entfernen, Seitentriebe um zwei Drittel kürzen. Nach dem Abblühen die Blüte und die beiden nächsten, unter der Blüte stehenden Blätter entfernen. Nach dem ersten Frost alle Blüten und Knospen sowie nicht ausgereiften Triebe abschneiden.
Beet- und Edelrosen: Wie Strauchrosen, jedoch nach dem ersten Frost den Strauch um ein Drittel zurückschneiden. Im Frühjahr Totholz entfernen, Haupttriebe auf 5 bis 7 Augen, Nebentriebe auf 3 bis 5 Augen zurücknehmen.

Kletterrosen: Dicke, alte Triebe zugunsten bodenbürtiger junger Triebe im Frühjahr entfernen. Verzweigungen der langen Triebe dann auf 3 bis 5 Augen zurückschneiden. Alle verbleibenden Triebe am Rankgerüst verteilt anbinden, nach der Blüte die abgeblühten Rosen abschneiden.

Hecken für den Garten

Hecken sind lebende Zäune, die als Sicht- und Windschutz oder Grundstücksbegrenzung dienen und vielfältige Funktionen erfüllen. Sie mildern den Einfluß von Wind sowie Extremtemperaturen und erhöhen dadurch den Ertrag im Nutzgarten um bis zu 48 %. Als Filter halten die grünen Wände Staub und Abgase fern. Frei wachsende Hecken bringen zu verschiedenen Jahreszeiten Nektar und Pollen, Früchte und Samen hervor, wodurch sie als Nahrungsspender, Zufluchts- und Niststätte für Insekten, Vögel und Kleinsäuger von großer Bedeutung sind. An Hängen und entlang von Bachläufen bieten sie Schutz vor Bodenerosion. Einige Heckengehölze liefern sogar Früchte, die in der Küche Verwendung finden, wie Sanddorn *(Hippophae)* oder Kornelkirsche *(Cornus)*, deren Früchte zu Marmelade verarbeitet werden können.

Frei wachsende Hecken bieten Vögeln und Insekten Nahrung und Schutz

Heckenarten

Man unterscheidet bei kultivierten Hecken die frei wachsenden Hecken und Schnitt- oder Formhecken.

Frei wachsende Hecken bestehen aus mehreren Straucherarten mit unterschiedlichen Wuchshöhen und Blütezeiten. Sie wirken viel naturgemäßer und sind für die Tierwelt wesentlich wertvoller als Schnitt- oder Formhecken. Da eine Mindestbreite von 1,5 bis 2,5 m zu empfehlen ist, eignen sich solche Hecken nur für große Gärten.

Schnitt- oder Formhecken: Sie beanspruchen deutlich weniger Platz. Meist bestehen sie nur aus einer Strauchart, aber auch Mischformhecken aus zwei oder mehreren Arten können gepflanzt werden. In der Regel werden Schnitthecken auf einer Breite von etwa 1 m gehalten. Hecken aus Hainbuche *(Carpinus)* oder Liguster *(Ligustrum)* lassen sich mit etwa 50 bis 60 cm Breite sehr schmal schneiden. Als Monokultur und wegen ihres dichten Wuchses ist die Schnitthecke als Lebensraum für Tiere nicht so wertvoll wie die frei wachsende Hecke.

Eine Schnitthecke aus verschiedenen Sträucherarten sieht sehr attraktiv aus

Heckenschnitt

Neugepflanzte Hecken benötigen unmittelbar nach dem Einpflanzen einen Pflanzschnitt. Dieser starke Rückschnitt um etwa die Hälfte bis zu maximal zwei Drittel ist vor allem bei Hainbuche (*Carpinus*), Weißdorn (*Crataegus*) und Buche (*Fagus*) wichtig, aber auch alle anderen Heckenpflanzen sollten auf diese Weise gestutzt werden. Ein drastischer Pflanzschnitt bewirkt, daß Hecken von unten her dicht und buschig wachsen, denn an der Schnittstelle entwickeln sich 2 bis 6 neue Triebe. Den Schnitt führen Sie am besten direkt über einer Knospe, damit am Austrieb kein Totholz entsteht.

Frei wachsende Hecken schneiden

Frei wachsende Heckensträucher werden so geschnitten, daß die natürliche Strauchform erhalten bleibt. Ziel ist es, die Hecke ständig zu verjüngen und die Blütenbildung anzuregen. Ältere, verkahlende Äste werden bis in Bodennähe zurückgeschnitten. Ausladende und störende Seitentriebe entfernt man oder nimmt sie bis auf eine nach außen gerichtete Knospe zurück. Der Schnitt wird etwa 0,5 cm oberhalb der Knospe geführt.

Schnittzeitpunkt: Die beste Zeit für den Rückschnitt sind die Wintermonate. Man kann jährlich oder alle zwei Jahre schneiden. Eine Ausnahme bilden die Sträucher, die im zeitigen Frühjahr blühen, wie Flieder oder Forsythie. Da sich ihre Knospen an den vorjährigen Trieben entwickeln, würde man beim Winterschnitt den Großteil der neu angelegten Knospen entfernen, und es käme zu einer sehr eingeschränkten Blüte. Man schneidet also erst nach der Blüte.

Formschnitt bei sommergrünen Laubgehölzen

In den ersten beiden Jahren nach dem Pflanzschnitt werden Formhecken mehrmals jährlich geschnitten, dadurch erreicht man eine dichte Form.
Ab dem dritten Jahr wird die Schnitthäufigkeit von der neugebildeten Trieblänge bestimmt. Sind etwa 15 cm dazugewachsen, wird geschnitten. Von den Neutrieben läßt man bei jedem Schnitt etwa 2 cm stehen, bis die gewünschte Endhöhe, im allgemeinen 1,5 bis 2 m, erreicht ist.

Reduktionsschnitt: Hat eine Laubholzhecke die gewünschte Höhe erreicht, wird sie trotz regelmäßigen Schnitts weiterhin jährlich um einige Zentimeter an Höhe und Breite zunehmen. Abhilfe schafft ein Reduktionsschnitt um 20 bis 30 cm, den Sie etwa alle 5 Jahre durchführen sollten. Entscheidend dabei ist, daß die endständigen Verzweigungen (Quirle) entfernt werden. Der beste Zeitpunkt für den Reduktionsschnitt sind milde Wintertage.

Mit einer elektrischen Heckenschere lassen sich Hecken bequem schneiden

Schablonen aus Latten und Schnüren helfen beim Schneiden von Formhecken

Schnitt immergrüner Laubgehölze

Mit Ausnahme von Liguster werden immergrüne Laubgehölze, wie Buchsbaum, Berberitze oder Feuerdorn, nur einmal Mitte April geschnitten. Bei Bedarf kann auch ein zweiter Schnitt bis in den Juli hinein erfolgen. Später im Jahr darf nicht mehr geschnitten werden, sonst können an den langsam austreibenden, schwach verholzten Jungtrieben Frostschäden auftreten.

Koniferenschnitt

Formhecken aus Koniferen, beispielsweise Eibe *(Taxus)* und Scheinzypresse *(Chamaecyparis)*, werden nur einmal pro Jahr, zwischen dem Triebabschluß im August und dem Einsetzen des ersten Frostes, geschnitten. Hier gilt als Regel, je früher desto besser, also möglichst Ende August.

Schnittform

Damit auch die unteren Teile einer Schnitthecke optimal mit Licht versorgt werden, ist es günstig, wenn sich die Hecke nach oben beidseitig pro Meter Höhe um etwa 10 cm trapezförmig verjüngt. Diese Form

verhindert, daß die unteren Partien infolge Lichtmangels verkahlen. Vor allem Koniferen reagieren auf Lichtmangel sehr schnell mit kahlen Stellen. Ob die Hecke oben waagrecht, spitz oder rund abschließt, bleibt Ihrem Geschmack überlassen. In Gegenden mit häufigem Schneefall empfehlen sich allerdings die beiden letztgenannten Formen, damit die Schneelast die Hecke nicht auseinanderdrängt und Bruchschäden verursacht.

Schnitthilfen und Werkzeuge

Einfache Schnitthilfen sind Schnüre, die waagrecht in der gewünschten Höhe gespannt werden. Wird entlang dieser Schnüre geschnitten, erhält man ein gerades, horizontales Schnittergebnis. Auch verschraubte Holzlehren aus Dachlatten, zum Beispiel in Trapezform, sind wertvolle Hilfen für einen exakten Formschnitt.
Werkzeuge: Handbetriebene Heckenscheren sind für den Schnitt kleinblättriger und feinästiger Heckensträucher, zum Beispiel Liguster *(Ligustrum)* und Heckenkirsche *(Lonicera)*, geeignet. Für einzelne Äste verwenden Sie die Gartenschere, für dickere Äste eine Baumsäge. Sehr leicht und bequem lassen sich alle Heckenarten

Gutes Werkzeug erleichtert die Arbeit und ermöglicht einen exakten Schnitt

mit elektrischen Heckenscheren bearbeiten. Vor allem langblättrige Arten und Koniferen können optimal mit Elektroscheren geschnitten werden. Die Leistung dieser Geräte ist teilweise so hoch, daß Äste bis zum Durchmesser von 3 cm mühelos geschnitten werden.
Werkzeugwartung: Voraussetzung für einen glatten, exakten Schnitt sind gut geschärfte Schneiden.

- Die Gartenschere wird mit weichen kreisenden Bewegungen mittels eines feinen Schleifsteins an der Kante geschliffen.
- Handheckenscheren schärfen Sie, indem Sie die Feile oder den Schleifstein in gleichmäßigen Strichen gegen die Schnittkante führen. Achten Sie darauf, daß der Winkel an der Schneide gleichbleibt. Nie auf der flachen Seite der Schneide schärfen, sonst wird die Schnittkante unregelmäßig, und ein sauberer Schnitt ist nicht mehr möglich.

Tips für die Heckenpflege

Neben dem Schnitt sind noch einige Pflegemaßnahmen wichtig.
Bewässerung: Im ersten Frühjahr nach der Pflanzung sollten Sie Ihre Hecke mehrmals gründlich wässern. Danach ist ein Gießen nicht mehr nötig. Ausnahmen sind Hecken im Wurzelbereich größerer Bäume, deren Wurzeln fast das gesamte verfügbare Wasser entziehen. Hier ist es günstig, in trockenen Zeiten gelegentlich zu gießen. Einen Gießrand entlang der Hecke sollten Sie aber auf jeden Fall anlegen.
Düngen und Mulchen: Hecken muß man im allgemeinen nicht düngen. Ein Mulchen mit Stroh, Rasenschnitt oder gehäckseltem Holz ist ausreichend. Um die Verrottung des Mulchmaterials zu beschleunigen, können auf 100 m Schnitthecke 3 bis 4 kg Kalkstickstoff ausgebracht werden. Mulchen bringt guten Düngeeffekt und bewirkt, daß lästige Unkräuter unterdrückt werden. Außerdem wird die Bodenfeuchtigkeit viel länger gehalten.
Verjüngen/Auf den Stock setzen: Über mehrere Jahre nicht mehr gepflegte Laubholzhecken, die zu hoch gewachsen und licht geworden sind, können durch radikalen Rückschnitt verjüngt werden. Dies erfordert einen Schnitt um mindestens zwei Drittel bis ins alte Holz. Außerdem werden auch die Seitentriebe bis auf ein oder zwei Knospen (Augen) gekürzt. Dieses »auf den Stock setzen« führen Sie am besten im Januar oder Februar durch. Ausnahme bilden alle immergrünen Gewächse, die erst Ende März/Anfang April zurückgesetzt werden dürfen.
Lücken ausbessern: Sind vergreiste Hecken lückig geworden, werden die Lücken nach dem Verjüngungsschnitt mit jungen kräftigen Pflanzen bepflanzt, dabei den Pflanzschnitt nicht vergessen! Schaffen Sie den nachgepflanzten Gewächsen durch Bewässern und einer Kompost- oder Volldüngergabe gute Startbedingungen.

Eine gelungene Kombination von reizvollen Koniferen und schönen Laubsträuchern

Kletterpflanzen pflanzen und pflegen

Grüne Wände und Fassaden aus Kletterpflanzen wirken nicht nur schön, sondern haben auch zahlreiche nützliche Funktionen, zum Beispiel: Durch die Verdunstung von Wasser werden Temperaturspitzen, wie sie an besonnten Hauswänden vorkommen, abgeschwächt. Die Luft wird gefiltert und dadurch von Partikeln befreit und mit Feuchtigkeit und Sauerstoff angereichert. Außerdem bieten Kletterpflanzen Schutz vor Feuchtigkeit, da sie Schlagregen vom Putz fernhalten, und sie dämpfen Lärm und bremsen den Wind.
Nicht zu unterschätzen ist ihr Nutzen als Lebensraum für Vögel und Insekten. Die schwarzen Efeubeeren sind im Winter beispielsweise Nahrungsquelle für Hausrotschwanz, Star und zahlreiche andere Singvögel. Knöterich und Glyzinie sind als beliebte Bienennahrung bekannt.

Starkwüchsige Kletterpflanzen, wie der Blauregen, brauchen eine stabile Kletterhilfe

So klettern die Pflanzen

Kletterpflanzen haben unterschiedliche Klettertechniken entwickelt:
Winder oder Schlinger sind Pflanzen, die sich um Stäbe, Drähte, Spaliere und andere Gegenstände spiralförmig herumwinden. Beispiele sind Hopfen, Geißblatt oder Blauregen.
Die häufigste Form sind die Linkswinder, die sich von oben gesehen gegen den Uhrzeigersinn drehen.
Rechtswinder wachsen im Uhrzeigersinn. Einige Arten können sogar in beide Richtungen ihre Bewegungen ausführen.
Alle Winder bzw. Schlingerpflanzen brauchen senkrechte Kletterhilfen wie Spaliere, Stäbe oder Pergolen.
Ranker besitzen Greif- und Haltorgane, mit denen sie sich an Gegenständen festklammern. Da die Organe nicht sehr lang sind, benötigen sie feinstrukturierte, nicht zu dicke Kletterhilfen wie Drähte, Netze oder Gitter.

Eine grüner Pelz aus Kletterpflanzen verschönert jede Hauswand

Wurzelkletterer (auch Selbstklimmer genannt) bilden Haftwurzeln oder Haftscheiben aus, die einen klebrigen Stoff absondern und sich damit an der Wand anheften. Daher sind Kletterhilfen bei Wurzelkletterern, wie dem Efeu oder der Kletterhortensie, nicht notwendig, wohl aber eine intakte Hauswand ohne Risse. **Spreizklimmer** halten sich mit Dornen, Stacheln oder ähnlichen Widerhaken an der Unterlage fest. Typische Vertreter sind Kletterrose und Brombeere. Sie benötigen Kletterhilfen mit Sprossen oder ein Spalier. Vor allem bei Kletterrosen sollte man die Triebe durch die Öffnungen der Kletterhilfe schlingen und eventuell anbinden, um ihnen das Hochwachsen zu erleichtern.

Eine Kiesschicht und eine Folie schützen die Hauswand vor Feuchtigkeit. Man muß den Wurzelballen schräg ins Pflanzloch setzen, der Haltestab muß zur Wand weisen

Fassadenschäden vorbeugen

Selbstklimmer benötigen keine Kletterhilfen, mit ihnen läßt sich daher sehr einfach eine kahle Wand begrünen. Doch bevor Sie sich für einen Selbstklimmer, wie Efeu, Wilder Wein oder Kletterhortensie, entscheiden, müssen Sie Ihre Fassade prüfen. Die Haftwurzeln oder Haftscheiben der Selbstklimmer können nämlich schadhafte und lose Oberflächen, wie bröckelnder Putz, unterwachsen und ablösen. Efeu hat beispielsweise das Bestreben, seine Triebe in lichtärmere Bereiche wachsen zu lassen, und ist deshalb ungeeignet für Wände mit Schindeln, vorgehängten Wandplatten, Fugen und Rissen. Wandplatten können regelrecht aufgehebelt werden, und rissiger Putz wird abgesprengt. Bei Holzoberflächen, Fachwerk und Wärmedämm-Verbundsystemen ist von einer Begrünung mit Kletterpflanzen abzusehen.

Pflege der Kletterpflanzen

Kletterpflanzen brauchen wenig Pflege, wenn man sie an einen geeigneten Standort pflanzt und – wenn nötig – für Kletterhilfen sorgt.

Standort und Boden

An Hauswänden herrschen oft extreme Lebensbedingungen für Pflanzen, so daß man die Bodenverhältnisse vor der Pflanzung optimal gestalten sollte. Ein Bodenaustausch wird nötig, wenn der Boden mit Bauschutt oder Steinen durchsetzt ist. Man verwendet dann lockeren Gartenboden, der mit Kompost vermischt wird. Verdichteten Boden müssen Sie tiefgründig lockern und mit Kompost anreichern. Achten Sie auch auf die Lichtansprüche der gewählten Pflanzen. Efeu und Winterjasmin beispielsweise brauchen schattige

Nordwände, gedeihen aber auch an halbschattigen West- und Ostseiten, die für Waldrebe und Geißblatt ideal sind. Für Südwände eignen sich Blauregen und Wilder Wein am besten.

Anbinden

Bei vielen Kletterpflanzen wird beim Kauf ein Stützstab mitgeliefert. Den Stab lenken Sie beim Pflanzen in Richtung Kletterhilfe. Auch ein Anbinden lenkt die Pflanze an ihr Klettermedium.
Selbstklimmer werden einfach vor der Wand ausgelegt, sie finden ihren Weg allein. Efeu braucht manchmal sehr lange, bis sich genügend haftende Triebe gebildet haben. Finden die Triebe absolut keinen Halt, schneidet man sie stark zurück, dann treibt die Pflanze von unten neu aus. Werden die Triebe vorübergehend befestigt und beschattet, ist der Anwuchserfolg so gut wie sicher.
Kletterrosen und andere Spreizklimmer müssen regelmäßig angebunden werden. Eine Achterschlinge verhindert, daß der Trieb eingeschnürt wird und an der Kletterhilfe reibt. Sie können aber auch die Triebe einfach durch das Gitter flechten.

Rückschnitt

Schnellwüchsige Arten, wie Knöterich, müssen Sie zurückschneiden, um die Pflanze auf den ihr zugedachten Wuchsraum zu begrenzen. Ein Rückschnitt ist auch nötig, wenn gar zu üppig wachsende Triebe an Einfahrten, Türen oder Fenstern zu Behinderungen führen. Falls sich Pflanzen, insbesondere Efeu und Knöterich, in der Dachrinne oder unter Dachziegeln ausbreiten, müssen Sie sofort eingreifen. Bei Arten, die von der Basis her rasch verkahlen wie Geißblatt, Knöterich oder Akebie empfiehlt sich in Abständen von einigen Jahren ein Verjüngungsschnitt bis auf 40 bis 50 cm über dem Erdboden.

Zur Förderung der Blütenbildung kann man bei Blauregen, Trompetenblume und Kletterrosen im Frühjahr die vorjährigen Leittriebe auf 2 bis 3 Knospen einkürzen. Ein gelegentlicher Auslichtungsschnitt, bei dem ältere Ranken und Totholz völlig entfernt werden, ist zu empfehlen.
Der jährliche Schnitt von Waldreben richtet sich nach der Blütezeit der jeweiligen Art und Sorte. Im Frühjahr und Anfang des Sommers blühende Sorten schneidet man gleich nach der Hauptblüte, später blühende Pflanzen im Frühjahr.
Alle anderen Kletterpflanzen werden nach der Blüte oder Frucht geschnitten. Letzte Möglichkeit dazu bietet das Frühjahr kurz vor dem Austrieb.

Mulchen

Durch eine Mulchschicht aus organischem Material (Laub, Hobelspäne, Holzhäcksel) wird der Wurzelbereich feucht gehalten, und unerwünschter Pflanzenwuchs (Unkräuter) wird unterdrückt. Eine ähnliche Wirkung erreichen Sie durch Unterpflanzen mit flachwurzelnden Stauden.

Um den Blütenansatz beim Blauregen zu fördern, alle letztjährigen Langtriebe kürzen

Einmal pro Jahr sollten Sie Ihre Kletterpflanzen düngen. Am besten vermischen Sie Kompost und Dünger und bringen ihn im zeitigen Frühjahr aus. Bei der Dosierung die Nährstoffansprüche der Pflanze beachten! Nach dem Düngen gut gießen.

Bewässern

Vor allem bei jungen und frisch gepflanzten Gewächsen ist die Bewässerung sehr wichtig. Aber auch ältere Kletterpflanzen bedanken sich mit gutem Wuchs, wenn man ihnen bei Trockenheit genügend Wasser gibt. Sie sollten zwischen 10 und 40 l pro Pflanze und Monat gießen. Einjährige Kletterer wie Prunkwinde, Duftwicke und Kapuzinerkresse, die sich bestens für die Begrünung von niederen Zäunen eignen, benötigen wesentlich weniger Wasser.
Falls keine Mulchschicht vorhanden ist, kann es durch falsches Gießen passieren, daß der Oberboden verschlämmt und sich Krusten bilden. Lockern Sie dann den Boden mit der Hacke.
Immergrüne Arten vor dem ersten Frost kräftig und durchdringend wässern!

Kletterrosen sollte man anbinden

Mittel gegen Blattläuse

Leicht herzustelllen ist Spritzmittel aus Knoblauch und Schmierseife: 150 g sehr feingehackten Knoblauch und 100 g Schmierseife in 10 l handwarmem Wasser auflösen und gut mischen. Die Lösung durch ein Sieb gießen.
Bei Befall spritzen Sie die unverdünnte Lösung auf die gesamte Pflanze und den Wurzelbereich. Das Mittel können Sie in einem verschließbaren Glas einige Zeit aufheben.

Werkzeug

Zur Pflege von Kletterpflanzen benötigen Sie vor allem eine gut schneidende, kräftige Gartenschere und eine Sprossenleiter mit breiter Standfläche. Um Unfälle zu vermeiden, achten Sie bei der Leiter unbedingt auf einen sicheren Stand.

Pflanzenschutz

Kletterpflanzen sind sehr robust, daher treten bei ihnen selten Krankheiten auf. Nur mit Blattläusen kann man es häufiger zu tun haben. Zur Bekämpfung eignen sich selbsthergestellte Jauchen, Brühen oder Tees aus Brennesseln, Ackerkschachtelhalm oder Knoblauch. Sie werden auf die befallenen Pflanzen gesprüht oder über die Wurzel zugeführt.
Kümmern Ihre Pflanzen, sollten Sie die Standortbedingungen (Boden, Lichtverhältnisse) überprüfen. Gegebenenfalls eine Bodenanalyse durchführen lassen (siehe Bodenuntersuchung Seite 16).

Kletterpflanzen für die Hausbegrünung			
Deutscher Name	**Botanischer Name**	**Klettertechnik**	**Hinweise**
Waldrebe	*Clematis-Arten/* Hybriden	Ranker Höhe: 2–10 m	viele Blütenfarben von V–X; mehrjährig; schwach giftig!
Efeu	*Hedera helix*	Wurzelkletterer Höhe: 5–25 m	grüngelbe Blütendolden von IX–X; mehrjährig; immergrün; Beeren giftig!
Hopfen	*Humulus lupulus*	Winder Höhe: 4–6 m	blüht grünlich von VII–VIII; mehrjährig; zweihäusig
Kletterhortensie	*Hydrangea anomala ssp. petiolaris*	Wurzelkletterer Höhe: 5–10 m	weiße Blütendolden von VI–VII; mehrjährig; schöne Herbstfärbung
Prunkwinde	*Ipomoea tricolor*	Schlinger Höhe: 1–3 m	verschiedene Blütenfarben von VII–IX; einjährig; giftig!
Winterjasmin	*Jasminum nudiflorum*	Spreizklimmer Höhe: 2–4 m	gelbe Blüten von II–IV; mehrjährig
Duftwicke	*Lathyrus odoratus* und Sorten	Ranker Höhe: 1–3 m	viele Blütenfarben von VII–X; einjährig; giftig!
Geißblatt	*Lonicera*-Arten	Schlinger Höhe: 2–6 m	gelbe bis rote duftende Blüten von V–VII; mehrjährig; Beeren giftig!
Wilder Wein	*Parthenocissus*-Arten/ Sorten	Ranker Höhe: 8–15 m	weißgrünliche Rispen von VI–VIII; mehrjährig; schöne Herbstfärbung
Kletterrose	*Rosa*-Arten/Sorten	Spreizklimmer Höhe: 2–5 m	viele Blütenfarben von V–X; mehrjährig; anspruchsvoll
Blauregen	*Wisteria sinensis*	Schlinger Höhe: 6–12 m	blaue Blütentrauben von IV–V; mehrjährig; giftig!

Blauregen oder Glyzinie

Clematis als Zaunbegrünung

Bäume, Obstbäume, Beerenobst pflegen

Bäume, seien es Nutz- oder Zierbäume, gehören zu den schönsten und ökologisch wichtigsten Gartenpflanzen. Man sollte ihnen ihrer Bedeutung entsprechend einige Aufmerksamkeit widmen, ebenso wie den »kleinen« Verwandten, den Beerensträuchern.

Vorhandene Bäume prüfen

Bäume tragen überall zur Verbesserung unserer Umwelt bei, indem sie Temperaturspitzen ausgleichen, die Luftfeuchtigkeit erhöhen, die Luft von Schadstoffen filtern, Sauerstoff produzieren und Lärm mindern. Zugleich sind sie Lebensraum, Heimstätte und Nahrungslieferanten für eine Vielzahl von Tieren, insbesondere Vögeln und Insekten.

Damit Bäume diese Funktionen optimal erfüllen können, benötigen sie eine artgerechte Pflege. Es lohnt sich, die Bäume im Garten von Zeit zu Zeit auf Schadsymptome hin zu prüfen:

Kränkelt ein Baum und trägt kleine oder verkümmerte Blätter sowie sehr lichtes Blattwerk? Zeigt er atypisch verfärbte Blätter, einen insgesamt kümmerlichen Wuchs oder gar eine Wuchsstockung, deutet dies oft auf einen ungeeigneten Standort hin. Solche Pflanzen sind durch widrige Lebensbedingungen so geschwächt, daß sie in Folge vermehrt von Insekten und Pilzen befallen werden und nach einiger Zeit sogar absterben.

Umpflanzen: Junge, noch kleine Bäume, die durch einen falschen Standort bedingte Schadsymptome zeigen, können Sie in den ersten 2 bis 5 Jahren nach der Pflanzung an einen günstigeren Platz umsetzen. Das Umpflanzen dürfen Sie nur während der Vegetationsruhe im Winter vornehmen, in

Die schattenspendenden Bäume laden zum Feiern mit Spiel und Spaß ein

frostfreien Zeiten, dann läßt sich eine Pflanzgrube leichter ausheben.
Nicht mehr verpflanzen können Sie größere kranke Bäume. Sie sollten vollständig entfernt werden, da von ihnen möglicherweise Krankheiten auf benachbarte Pflanzen übertragen werden.
Bäume können auch kränkeln, wenn sie in Gruppen gepflanzt wurden und dann mit zunehmendem Alter durch die Kronenkonkurrenz in ihrer weiteren Entwicklung stark eingeschränkt werden. In solchen Fällen empfiehlt sich das Entfernen ganzer Bäume, um den verbleibenden wieder genügend Licht und Luft zu verschaffen.
Wichtig: Wenn Sie einen größeren Baum fällen wollen, müssen Sie sich vorher bei der zuständigen Behörde (Grünordnungsamt, Gartenbauamt) der Stadt oder Gemeinde erkundigen, ob eine Baumschutzsatzung existiert. Lassen Sie sich die Entnahme genehmigen, denn bei Nichtbeachtung bestehender Vorschriften können Bußgelder und/oder eine Ausgleichsmaßnahme fällig werden.

Grundregeln für den Schnitt

Bäume, die an einem artgerechten Standort wachsen, brauchen wenig Pflege. Sie besteht im wesentlichen aus einem fachgerechten Rückschnitt der Krone und dem Entfernen beschädigter oder kranker Äste.

Allgemeine Schnittregeln

Nach dem Einpflanzen im ersten Jahr nur die abgestorbenen Zweige entfernen. Nie lebende Zweige schneiden, da die gesamte Grünmasse zum Aufbau weiterer Blätter benötigt wird.
Alte Bäume dürfen nicht so stark beschnitten werden wie jüngere.
Nie mehr als etwa ein Drittel der Krone entfernen, bei älteren Bäumen nur maximal ein Fünftel, da sonst das Gleichgewicht zwischen Wurzel und Krone nachhaltig gestört wird.
Nach starken Eingriffen eine 2- bis 3jährige Schnittruhe einhalten.
Öfter und wenig schneiden ist günstiger als selten und viel.
Entfernen Sie einen Haupt- oder Leittrieb, sobald sich Konkurrenztriebe, sogenannte Zwiesel, bilden. Je früher Sie unerwünschte Verzweigungen zurückschneiden, desto kleiner sind die Schnittwunden, die dann sehr schnell verwachsen.
Zur Pflege der Krone alle kranken, beschädigten, absterbenden und abgestorbenen Baumteile entfernen.
Koniferen müssen nicht geschnitten werden, es sei denn, sie entwickeln einen zweiten Leittrieb. Bei Astentnahme bilden sich Lücken, die sich nicht mehr schließen. Um Platz zu gewinnen, können ältere Koniferen im unteren Bereich sogenannt aufgeastet werden. Sägen Sie die Äste immer stammeben ab, ohne jedoch Astgrat und Astkragen zu entfernen.
Für größere Schnittmaßnahmen sollten Sie einen Fachmann zu Rate ziehen, wenn Sie im Baumschnitt wenig geübt sind. Bei stärkeren Eingriffen in die Krone muß man nämlich zum Beispiel recht genau auf die Baumstatik achten. Man darf nur gleichmäßig auf allen Seiten Äste und Zweige entnehmen. Zu den größeren Schnittmaßnahmen zählen das Zurücknehmen und Auslichten zu groß bzw. zu dicht gewordener Kronen.
Hinweis: Werden Gebäude durch Baumkronen oder -wurzeln beeinträchtigt, Fußgänger und der Straßenverkehr behindert, ist die Krone entsprechend zurückzuschneiden oder nötigenfalls der gesamte Baum zu entfernen.

Zeitpunkt für den Schnitt

Die günstigste Zeit für den Schnitt von Laubbäumen ist kurz vor Ende der Winterruhe. Die Kronenpflege ist aber auch während der gesamten Vegetationszeit möglich, nur nicht in der kurzen Zeit des Blatt- und Blütenaustriebs. Während dieser Zeit wird die gesamte Blüten- und Blattmasse für die Fruchtbildung und den Aufbau neuer Blätter gebraucht.
Jeder Schnittzeitpunkt hat Vor- und Nachteile. Einerseits kann Blattwerk beim Schnitt behindern, andererseits läßt sich die Wirkung formender Eingriffe an belaubten Kronen besser beurteilen. Auch die Bewertung von schwächerem, kranken Astwerk ist während des Blattbehangs sicherer, da die Blätter ebenfalls kleine oder krankhafte Formen zeigen. Vorteilhaft ist auch, daß sich Wundverschlußmittel während der Vegetationszeit besser aufbringen lassen und das Verschließen der Wunde mit Wundholz sofort nach dem Schnitt einsetzt.
Ahorn, Birke und Nußbaum schneiden Sie am besten im November/Dezember. Zu einem späteren Zeitpunkt »bluten« diese Bäume beim Schnitt, da bei ihnen der Saftstrom bereits im Januar/Februar einsetzt. Dieses »Bluten« schadet aber kaum.
Vogelschutz: Achten Sie während der Vegetationszeit auf Vogelnester und Nisthöhlen! Und beachten Sie Schnittverbotszeiten, die regional unterschiedlich durch die Naturschutzgesetze geregelt sind.

Schnittechnik

Jeder Schnitt bedeutet eine Verwundung und Schwächung des Baumes. Der Schnitt muß fachgerecht und sauber ausgeführt werden, damit keine Schäden an den bleibenden Baumteilen entstehen. Scharfes, sauberes Werkzeug ist unerläßlich! Beim Trennschnitt dürfen Sie weder den obenliegenden Astgrat noch den untenliegenden Astkragen entfernen. Aus dem Astkragen entwickelt sich das Wundholz, das die Wunde überwallt.
Kleinere Schnitte werden mit der Garten- oder Astschere an den Verzweigungen parallel zum bleibenden Baumteil so geführt, daß keine Stummel stehenbleiben.

Wundverschluß

Um Pilzinfektionen zu verhindern, sollte man alle Schnittstellen, die größer als ein Fünfmarkstück sind, mit einem Wundverschlußmittel einstreichen. Sind die Wundränder durch den Sägeschnitt ausgefranst, empfiehlt es sich, die Rinde mit einem scharfen Messer (Hippe) nachzu-

Mit einer Bosch Astsäge wird sogar der Schnitt von Zweigen in großer Höhe einfach

Dickere Äste werden erst von unten und dann von oben durchgesägt

Glätten Sie die Ränder und die Schnittfläche sorgfältig mit einer Hippe

schneiden und erst dann das Wundmittel mit einem Pinsel oder einer Spachtel auf die geglätteten Ränder und die Sägeschnittfläche aufzubringen. Bei kalter Witterung werden manche Wundwachse hart, nach einem Wasserbad lassen sie sich wieder leicht verstreichen.

Pflegemaßnahmen für Bäume

Im allgemeinen benötigen Bäume keine Düngung. Treten jedoch Schadbilder und Wuchsstockungen auf, kann anstelle eines Standortwechsels (siehe Seite 66) auch eine speziell auf die fehlenden Nährstoffe des Baumes ausgerichtete Düngung Erfolg haben. Dies setzt aber eine genaue Analyse des Bedarfs an Nährstoffen und Spurenelementen voraus (Bodenuntersuchung). Falsche Düngung verschlechtert häufig den Zustand des Baumes!

Bodenverbesserung: Wenn ein Baum aufgrund einer ungünstigen Bodenstruktur kränkelt, muß man den Boden verbessern: Bei schweren, verdichteten Lehmböden mit geringem Bodenluftanteil kann der Boden durch Einarbeiten von Kompost und/oder Sand gelockert werden. Ob eine Bodenlockerung nötig ist, erkennen Sie am Garezustand: Bilden sich beim Spatenstich in mäßig feuchtem Boden Klumpen, ist eine Lockerung in Betracht zu ziehen. Leichte Böden mit geringer Wasserhaltefähigkeit können Sie mit Lehm, Stallmist, Kompost und untergepflügter Gründüngung bindiger machen. Bei all diesen Maßnahmen den Oberboden nicht wenden. Die organischen Stoffe dürfen nur in die oberste Schicht eingebracht werden. Tiefer eingearbeitetes Material kann faulen.

Stärkungsmittel für Bäume

Ein wirksames Mittel ist Brennesseljauche: Einen Bottich zu einem Drittel mit frischen Brennesseln füllen und fast bis obenhin Wasser dazugießen. Täglich umrühren. Nach etwa einer Woche ist die Brühe gebrauchsfertig. 1:5 bis 1:10 verdünnen und ausbringen. Dazu im Bereich der Kronentraufe (vom Stammfuß bis zum Kronenrand) mit der Grabgabel tiefe Löcher in den Boden stechen und sie durch Hin- und Herbewegen vergrößern. Diese Bodenöffnungen mit der Jauche füllen.
Sehr wichtig ist diese Methode, wenn sich über dem Wurzelbereich Rasen befindet. Ohne das »Lochen« kämen die Nährstoffe nur dem Rasen und nicht dem Baum zugute.
Die Brennesselkur in den Monaten Mai – Juni und im September durchführen. Die ungünstigste Zeit für Dünge- und Stärkungsmaßnahmen ist der Herbst, da bis zum Frühjahr alle Nährstoffe ausgewaschen oder wirkungslos geworden sind.

Mulchen und Bodendecker

Den Wurzelbereich verbessern und einen unverdichteten, gut durchlüfteten und feuchten Boden erzielen können Sie auch durch Mulchen und/oder das Pflanzen von geeigneten Bodendeckern.

Mulchen Sie vor allem mit Laub, Rasen- oder Wiesenschnitt, Holzhäcksel, Rindenhumus und Stroh. Am besten häckseln Sie angefallenes Schnittgut in noch frischem Zustand mit einem umweltfreundlichen elektrischen Leisehäcksler. Verteilen Sie es anschließend auf dem Wurzelbereich. Mulchen führt dem Boden langsam und stetig Nährstoffe und organische Substanzen zu, unterdrückt den Wuchs von Konkurrenzpflanzen und verringert das Verdunsten von Wasser aus dem Wurzelraum.

Spezielle Bodendecker reduzieren ebenfalls die Wasserverdunstung aus dem Wurzelraum, aktivieren zudem das Bodenleben, sind pflegeleicht und sehen schön aus. Geeignet sind Bodendecker wie Immergrün (*Vinca*), Goldnessel (*Lamium*), Waldmeister (*Asperula*) oder Johanniskraut (*Hypericum*).

Gehäckseltes Schnittgut eignet sich ausgezeichnet zum Mulchen des Wurzelbereichs

Auch die Kombination von Mulchschicht und Bodendecker ist zu empfehlen. Ob zusammen oder einzeln angewendet, sie sind günstiger zu bewerten als eine offene Baumscheibe oder Rasenfläche.

Bäume wässern

Während ältere Bäume durch ihre tiefgehenden Wurzeln das Grundwasser anzapfen und daher meist keine Bewässerung erforderlich ist, können länger anhaltende Trockenperioden bei jungen Bäumen Schäden verursachen. Im ungünstigsten Fall kann der Baum sogar absterben. Werden bei solchen Bäumen welke Blätter an den Zweigenden festgestellt, ist es höchste Zeit zu bewässern. Dabei leistet ein Gießrand, der um den Stammfuß im Abstand von 50 bis100 cm kreisrund aufgeschüttet wird, gute Dienste. Da die benötigte Wassermenge von der Bodenstruktur, der Baumgröße und dem Standort (Kuppe, Senke) sowie dem Oberflächenbewuchs abhängt, sind genaue Literangaben schwer möglich. Eine mehrmalige Wassergabe von mindestens 50 bis 100 l bei kleinen Bäumen sollte aber nicht unterschritten werden. Bewässerungsmaßnahmen sind manchmal auch für größere Bäume notwendig, wenn der Wurzelraum durch Straßen überbaut und durch Gebäude eingeengt ist. Bei diesen Bäumen wird mehrmaliges Gießen mit 150 bis 400 l Wasser empfohlen.

Gießregeln: Beachten Sie folgendes:

- Möglichst Regenwasser verwenden. Es ist pflanzenverträglicher als Leitungswasser und spart bares Geld.
- Lieber weniger häufig, dafür aber viel Wasser geben, damit sich der Boden wie ein Schwamm vollsaugen kann. Das verhindert, daß ein großer Teil des Wassers an der Bodenoberfläche verdunstet und den Wurzeln nicht zugute kommt.
- Die Verdunstung kann gesenkt werden, wenn abends bewässert wird.

Windschutz

Junge, noch nicht gut bewurzelte Bäume können durch Stürme ihre geringe Standfestigkeit völlig verlieren. Sollten Sie nach einem starken Sturm Bodenrisse im Wurzelraum eines solchen Baumes feststellen oder neigt sich gar der Stamm, wird eine Baumsicherung erforderlich. Um dem Baum einen sicheren Stand zu geben, benötigen Sie einen imprägnierten Holzpfahl und Befestigungsmaterial, zum Beispiel einen Strick aus Kokosfasern. Schlagen Sie den Pfahl im Winkel von etwa 45° in Hauptwindrichtung (meist Westen) seitlich neben den Stamm ein. Befestigen Sie mit einer Achterschlinge das obere Drittel des Stammes daran. Ist der Jungbaum 2 bis 3 m hoch, erfordert dies eine stärkere, höher ansetzende einfache oder zweifache Sicherung. Hierbei wird die Befestigung gegen die Windrichtung vor den Baum gesetzt, und die Pfähle müssen bis dicht unter den Kronenansatz reichen. Je nach Baumgröße und Stärke des Winddrucks können weitere Pfähle für die Stabilisierung nötig sein. Befestigen Sie immer alle Sützen mit Hilfe einer Achterschlinge, den Kreuzpunkt können Sie umwickeln, was wie ein Abstandhalter wirkt.

Krankheiten und Schädlinge bei Bäumen

Schadbild	Ursache
Blattverfärbungen	Lichtmangel, Nährstoffmangel, Dürre, Sauerstoffmangel im Wurzelraum, Luftschadstoffe, Viren, Bakterien
Abgestorbene Blatteile (Nekrosen)	Verletzungen, Gift oder Salze im Boden
Klebrige Verschmutzung der Blattoberfläche und/oder eingerollte Blätter	Blattläuse, Pilze
Weißlicher Belag auf den Blättern	Mehltaupilz, z. B. an Eiche und Buche
Grauer Schimmelrasen auf Blättern oder Nadeln	Grauschimmelpilz
Schwarze runde Flecken an den Blättern	Pilzerkrankung, z. B. Teerfleckenkrankheit bei Ahorn
Schwarze rußartige Bereiche an den Blättern	Rußtaupilz
Fraßstellen an den Blättern und Trieben, Gespinste	Insekten, vor allem Schmetterlingsraupen, Käfer, Blasenfüße und andere
Fraßgänge unter der Rinde und Absterben von Ästen	Borkenkäfer
Runde oder spitz zulaufende Wucherungen auf Blättern, Knospen und Trieben (Gallen)	Gallwespen, Gallmücken
Stamm- und Wurzeldeformationen	Viren, Bakterien
Astwucherungen (Hexenbesen)	Viren
Rindenschleimfluß	Bakterien

Schädlinge und Krankheiten bei Bäumen

Da es bei Bäumen eine Vielzahl von Krankheits- und Schadbildern mit oft sehr spezifischen Ausprägungen gibt (siehe Tabelle Seite 71), sollten Sie die genaue Diagnose und die Auswahl des Behandlungsmittels dem Fachmann überlassen. Hilfe bekommen Sie bei Beratungsstellen der Gartenbauämter oder im Fachhandel. Häufig treten die Schäden nur begrenzt auf. Ein Entfernen der befallenen Teile reicht dann als Maßnahme aus. Bei jungen Bäumen kann aber auch die gesamte Pflanze befallen sein, was möglicherweise zu ihrem Absterben führt.
Als Hauptursache einer Erkrankung oder eines Schädlingsbefalls gilt ein ungünstiger Standort. Seine Eignung für den Baum ist daher als erstes zu überprüfen. Treten Schädlinge, Pilze und Infektionskrankheiten massiv auf, sind weitergehende Maßnahmen erforderlich. Versuchen Sie es zunächst mit natürlichen Methoden, wie dem Spritzen von Schachtelhalmbrühe gegen Pilze (Mehltau) oder Wurmfarnkonzentrat gegen Lausbefall. Erst wenn natürliche Mittel keine Wirkung zeigen, sollten Sie zu chemischen Mitteln greifen.

Teerfleckenkrankheit beim Ahorn

Obstbäume richtig schneiden

Zu den wichtigsten Pflegemaßnahmen bei Obstgehölzen gehört der Schnitt, weil damit Menge und Qualität des Ertrags reguliert werden. Bei jungen, noch nicht tragenden Bäumen fördert ein guter Schnitt den Aufbau eines starken Astgerüsts, an dem sich im Ertragsalter viele Früchte entwickeln können. In Kleingärten spielen die Gestaltung und Regulierung der Baumform eine besondere Rolle, denn hier muß der spärlich vorhandene Platz optimal genutzt werden.
Jedes Entwicklungsstadium eines Baumes erfordert unterschiedliche Schnittechniken, deren Grundregeln im folgenden erklärt werden. Über Besonderheiten, zum Beispiel bei Pfirsich oder Sauerkirsche, können Sie sich in der Baumschule informieren. Vor allem wenn man mehrere Bäume im Garten hat, ist es sinnvoll, einmal einen Baumschnittkurs mitzumachen. Solche Kurse werden von Baumschulen, Gartencentern und manchen Gärtnereien angeboten.

Kronenformen

Je nachdem, wie sich die Seitenäste verzweigen, spricht man von einer Pyramiden- (auch Buschbaumkrone genannt), Hohl- oder Trichterkrone. Daneben gibt es noch einige Sonderformen. Die Kronenformen sind häufig bereits durch das Beschneiden in der Baumschule vorgegeben. Achten Sie deshalb schon beim Kauf auf die gewünschte Form, die neben der Sorte, der Unterlage und dem Alter auf dem Etikett vermerkt sein sollte.
Die Pyramidenkrone besitzt einen Mitteltrieb (Stammverlängerung) und einige starke seitliche Leitäste. Die Seitentriebe der Leitäste werden Nebenäste genannt, an ihnen entwickelt sich das Fruchtholz.
Die Hohl- oder Trichterkrone weist kei-

nen Mitteltrieb auf, sondern wird im allgemeinen aus drei nebeneinanderstehenden Seitenleitästen gebildet, an denen die fruchttragenden Äste sitzen.
Die Unterlage ist der Wurzelstock, auf den die Edelsorte veredelt wurde. Diese bestimmt zu 80 % das Wachstum und damit die spätere Größe des Baumes.
Da die Pyramidenkrone am häufigsten verbreitet ist, beziehen sich die folgenden Schnittregeln auf diese Kronenform.

Pflanzschnitt

Der Pflanzschnitt hat die Aufgabe, das Ungleichgewicht, das zwischen Wurzelraum und Krone durch den Wurzelverlust beim Ausgraben in der Baumschule entstand, auszugleichen. Um Frostschäden zu vermeiden, wird immer im Frühjahr geschnitten, auch wenn bereits im Herbst gepflanzt wurde.
Kernobst, wie Apfel und Birne, wird um etwa die Hälfte, Steinobst, wie Kirsche und Pflaume, um etwa zwei Drittel zurückgeschnitten. Für den späteren Kronenaufbau genügen neben dem Mitteltrieb 3 bis 4 Seitenleittriebe. Der Mitteltrieb darf nach dem Schnitt etwas höher stehen als die Seitenleittriebe. Man richtet sich am besten nach dem schwächsten Seitenleittrieb. Die verbleibenden Seitentriebe alle auf diese Höhe zurückschneiden.
Die optimale Schnittführung liegt leicht abgeschrägt, etwa 1 bis 2 mm über der Knospe. Der Schnitt darf nicht zu dicht an der Knospe und nicht zu stark abgeschrägt geführt werden, sonst vertrocknet die Knospe. Ein zu großer Stummel über der Knospe führt zu unerwünschtem Totholz.

Schematische Darstellung der Triebe eines Obstgehölzes:
① Haupttrieb, ② Konkurrenztrieb, ③ Steiltrieb, ④ Leittrieb, ⑤ Fruchtholz

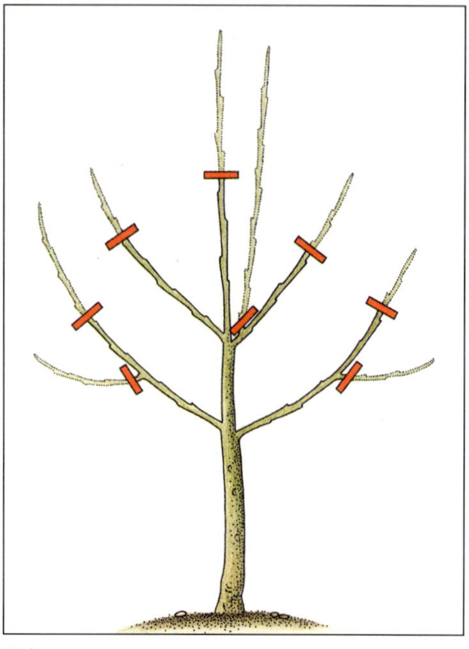

Schneiden Sie leicht abgeschrägt, etwas über einer unterhalb des Astes sitzenden nach außen gerichteten Knospe. ① Mitteltrieb, ② Konkurrenztrieb, ③ Leitast

Weitere Schnittmaßnahmen: Nach dem Pflanzschnitt kann man bereits mit der Formgebung der Krone beginnen, indem man zu steil stehende Leittriebe mit gekerbten Hölzern spreizt oder mit speziellem Bindedraht herunterbindet. Der Winkel zwischen Mitteltrieb und Seitenleitast sollte ungefähr 60° betragen. Einige für den Kronenaufbau nicht benötigte Triebe können schon jetzt zu Fruchtholz umgeformt werden, wenn man sie waagrecht herunterbindet. So wird die Ernte von Früchten bereits möglich, bevor der Baum das tragfähige Alter erreicht hat. Die restlichen Äste entfernen.

Erziehungsschnitt

Die Baumkrone muß offen und locker sein, damit Luft und Sonne ausreichend Zugang haben. Dafür ist der Erziehungs- oder Aufbauschnitt nötig. Eine lockere Krone hat Leitäste, die am besten auf verschiedenen Etagen gut verteilt um den Mitteltrieb angeordnet sind. Dadurch gelangt das Sonnenlicht an alle Blätter und Früchte. Man schneidet die Verlängerungen der Leitäste um etwa ein Drittel auf eine schräg nach unten stehende Knospe zurück. So werden die Nebenäste, die das Fruchtholz tragen, gefördert.

Schnittips: Schneidet man die Verlängerungen der Leittriebe zu früh, zum Beispiel im November/Dezember, und zu kurz, wird eine starke Seitenverzweigung erreicht. Bleibt dagegen ein Ast über eine längere Strecke ohne Verzweigung, wurde im Vorjahr nicht kurz genug geschnitten. Zurückbleibende Verlängerungstriebe sollte man auf einen nach außen wachsenden Holztrieb zurücknehmen. Dieses Ableiten bewirkt, daß der geförderte Trieb die Leitfunktion übernimmt.

- Alle waagrechten, seitlich abstehenden Triebe, die an den Leitästen nach außen wachsen, werden belassen, denn an ihnen bilden sich die Früchte.
- Der Mitteltrieb wird so weit eingekürzt, daß er mit den Leitästen einen Winkel von ungefähr 120° bildet.

Bindemaßnahmen, mit denen man Triebe in Fruchtholz umwandelt

Mit dem Erziehungsschnitt sorgt man für eine offene und lockere Krone

- Beim Apfel wird die Mitteltriebverlängerung auf 7 bis 10 Knospen gekürzt, bei Birne und Pflaume auf 5 bis 6.
- Konkurrenztriebe und nach innen wachsende Zweige werden ebenso entfernt wie beschädigte oder kranke.
- Der Erziehungsschnitt wird je nach Obstsorte über 3 bis 8 Jahre so lange weitergeführt, bis sich ein lockeres, aber kräftiges Kronengerüst mit reichlich Fruchtholz gebildet hat.

Da nun die Wuchskraft vermehrt in die Fruchtentwicklung fließt, nimmt das Wachstum des Kronengerüsts ab, und die Krone behält weitgehend ihre Form bei. Die Phase der Aufbau- oder Erziehungsschnitte ist jetzt beendet und wird durch die Erhaltungsschnitte abgelöst.

Erhaltungsschnitt

Dieser Schnitt hat die Aufgabe, die Krone weiterhin locker zu halten und jährlich leichte Formkorrekturen vorzunehmen.

Der Erhaltungsschnitt hat die Aufgabe, die gewünschte Kronenform zu erhalten

- Man entfernt alle »Reiter«, das sind stark wachsende Triebe, die senkrecht nach oben aus dem Astscheitel wachsen.
- Auch alles, was krank ist, sich behindert, aneinander reibt und nach innen wächst, wird entfernt.
- Zu stark wachsende Äste leitet man auf einen guten, nach außen gerichteten Seitenast ab (siehe Schnittips Seite 74), damit das Gleichgewicht in der Krone erhalten bleibt.
- Zu steil wachsende Leitäste sollten auf einen tieferen, mehr waagrecht stehenden Seitenast abgeleitet werden.
- Die waagrechte Stellung kann auch durch Abspreizen des zu steil wachsenden Leitastes erreicht werden.
- Abwärts wachsende Äste leitet man auf einen Trieb auf der Astoberseite ab oder hebt diese durch Hochbinden an.
- Konkurrenztriebe sind immer zu entfernen, besonders am Mitteltrieb.
- Der Mitteltrieb darf die Leitäste nur wenig überragen, er muß deshalb regelmäßig etwas gekürzt werden.
- Zu starke Äste im oberen Kronendrittel werden entfernt, sie nehmen sonst den tiefer ansetzenden Leitästen schnell das nötige Licht und können zu Konkurrenztrieben des Mitteltriebes werden.

Fruchtholz: Seitlich flach wachsendes Fruchtholz an den Leitästen und deren Nebenästen wird belassen, da es besonders gute Früchte bildet. An Stellen mit zu wenig Fruchtholz kann man die senkrechten Reitertriebe im Juli/August waagrecht herunterbinden. Sie beginnen dann ebenfalls Fruchtholz zu bilden. Auch der Rückschnitt im Winter auf 3 bis 4 Knospen ist möglich. Aus den verbleibenden Stummeln bildet sich in aller Regel seitlich Fruchtholz aus.

Je älter die Bäume werden, desto mehr Fruchtholz bildet sich in Form von sogenannten Fruchtspießen. Das sind kurze Seitenästchen mit einer oder mehreren abschließenden Knospen. Damit der Baum nicht mit Fruchtholz überladen wird, entfernt man die oberhalb wachsenden beschattenden ebenso wie die unterhalb wachsenden beschatteten Fruchtspieße.

Verjüngungsschnitt

Alternde Apfel-, Birn- und Pflaumenbäume vermindern ihr Triebwachstum im Laufe der Jahre. Werden die Triebe nur noch 20 bis 30 cm lang, wird es Zeit für einen Verjüngungsschnitt. Er soll die Erneuerung des überalterten Kronengerüsts und die Reduzierung des im Alter oft übermäßig vorhandenen Fruchtholzes bewirken. Dafür wird die Krone um ein Drittel bis zur Hälfte gestutzt. Man schneidet also bis weit in älteres Holz zurück. Der starke Eingriff bewirkt einen heftigen Austrieb, mit dem die Krone neu aufgebaut wird. Für den Verjüngungsschnitt eignen sich nur gesunde Bäume und solche, die noch nicht zu alt sind, also noch genügend Triebfähigkeit besitzen.
Kurze Triebe hervorbringende Bäume, die reichlich Früchte tragen, müssen früher verjüngt werden als Exemplare mit starken Trieben und mäßigem Fruchtbehang.
So wird geschnitten: Zuerst den Kronenwinkel festlegen, der zur Orientierung dient. Den Mitteltrieb um etwa ein Drittel der Gesamtkronenhöhe zurückschneiden. An diesem Punkt setzt der Kronenwinkel an, der bei breitkronigen Bäumen (Apfel, Steinobst) zwischen 120 und 150° und bei hochkronigen Bäumen (Birne, Kirsche) 90 bis 120° betragen sollte. Anschließend verfahren Sie so:

- Um das Höhenwachstum im oberen Kronendrittel nicht zu sehr zu begünstigen, alle starken Äste und Leitäste entfernen, nur schwache Zweige und Nebenäste stehenlassen.
- Im Kronenmittelteil alle Leitäste, im allgemeinen 3 bis 4, unter die Linie des Kronenwinkels auf einen waagrechten Seitentrieb zurücknehmen.
- Die Leitäste im unteren Kronenteil, die oft leicht abwärts gerichtet sind, auf leicht ansteigende Triebe ableiten. Diese werden, entsprechend den Schenkeln des Kronenwinkels, weniger stark zurückgenommen als weiter oben sitzende.
- Generell ist darauf zu achten, daß sich Leit- und Nebenäste nicht beschatten oder behindern. Ist dies der Fall, werden sie vollständig entfernt oder bis zu einer Gabelung zurückgeschnitten.
- Fruchtholz, das oft quirlartig austreibt und mit Knospen überladen ist, um ein Drittel bis zur Hälfte reduzieren. Junges Fruchtholz belassen, älteres entfernen und zu dicht stehendes ausdünnen.

Dieser vernachlässigte Obstbaum muß dringend fachgerecht geschnitten werden

- Schößlinge an der Oberseite von Leit- und Nebenästen vollständig entfernen, sonst entwickeln sie sich zu stattlichen Wasserschossen.
- Beschattetes, schwaches Fruchtholz an der Astunterseite abschneiden, es bringt nur minderwertige Früchte hervor.

Weitere Maßnahmen: Nach dem Schnitt düngen und den Boden verbessern. Wasserschosse, die sich an den Astoberseiten bilden, solange noch keine Verholzung eingesetzt hat, mit der Hand abreißen. Bei günstiger Verteilung können einige dieser Triebe sogar stehenbleiben und zur Neubildung der Krone beitragen.

Auslichtungsschnitt

Werden die bisher genannten Schnittmaßnahmen konsequent und sachgemäß durchgeführt, sind Auslichtungsschnitte meist nicht notwendig. Wichtig werden sie, wenn man einen Garten übernimmt, in dem sehr vernachlässigte Bäume stehen. Bei sehr dichten Kronen muß der Auslichtungsschnitt aber auf mehrere Jahre verteilt werden. Sinn des Auslichtens ist es, den Lichteinfall zu verbessern und das Triebwachstum anzuregen.

Obwohl nicht unbedingt zwingend, empfiehlt es sich, alle 3 bis 4 Jahre während des Hauptertragsalters (etwa ab dem 5. Jahr) Auslichtungsschnitte durchzuführen. Durch das Auslichten kommen die Nährstoffe verstärkt der Blütenbildung und der nächstjährigen Ernte zugute. Geschnitten werden kann im Sommer oder während der Vegetationsruhe von Ende November bis Mitte März.

Beim Auslichten entfernt man alle störenden, zu gedrängt stehenden oder nach innen wachsenden Zweige und Triebe, die das Kroneninnere zu dicht machen, außerdem Steiltriebe auf der Astoberseite und die Astrangordnung störende Zweige und Äste, stark wüchsiges Holz im oberen Kronendrittel und Konkurrenztriebe am Mittelleittrieb. Jeder Ast in der oberen Kronenhälfte sollte einen flachen Endtrieb haben oder auf einen solchen abgeleitet werden. Zu üppiges Fruchtholz (Quirlholz) wird ausgelichtet, schattenständiges nach unten gerichtetes entfernt.

Mit der handlichen Multisäge erreicht man mühelos auch schwer zugängliche Stellen

Schnittreaktionen

Auf starken Schnitt reagieren Bäume gewöhnlich mit starkem Triebwachstum, vorzugsweise an den Astoberseiten. Auf den Leitästen senkrecht hochwachsende Wasserschosse (Reiter) werden ausnahmslos bereits ab Juni entfernt. Seitlich ansetzende und flache Triebe werden belassen. Am seitlichen Fruchtholz darf sehr vorsichtig verjüngt werden, indem altes hängendes Fruchtholz, aus dem sich junge Fruchttriebe entwickelt haben, bis zum jüngeren Trieb zurückgenommen wird. Verlängerungstriebe aus den Leit- und Seitenästen werden generell geschont und bei zu steiler Stellung im Juli/August in waagrechte Stellung gebracht, indem sie beispielsweise unter Nachbarzweige geschoben werden. Diese sogenannten Langtriebe werden einige Jahre nicht beschnitten, da sich aus ihnen später Fruchtholz entwickelt.

Schnittwerkzeuge

Für einen guten Obstgehölzschnitt benötigen Sie einiges an Werkzeug. Es muß immer geschärft, sauber, steril und rostfrei sein. Die Schneide ist scharf, wenn Sie damit ein lose gehaltenes Papier abschneiden können. Neben den im Kapitel Bäume aufgeführten Tips, hier noch einige weitere nützliche Hinweise:

Gartenschere: Für die Äste bis Fingerdicke werden Gartenscheren verwendet. Die Scheren sollten zweischneidig sein, damit Quetschungen vermieden werden. Gute Scheren haben am unteren Schneidenteil eine Einkerbung zum Abklemmen von Drähten, auswechselbare Messer und Halteschlaufen, die nützlich sind fürs Arbeiten auf der Leiter. Unbenutzte Scheren bewahrt man am besten geöffnet auf, um die Feder zu entlasten.

Astschere: Gröbere Äste bis zu 3 cm Durchmesser schneidet man mit langstieligen Astscheren. Diese Scheren werden wie Gartenscheren gewartet.

Baumsäge: Alle stärkeren Äste können Sie nur mit Baumsägen entfernen. Gute Bügelbaumsägen besitzen ein nach beiden Seiten verstellbares Sägeblatt, damit man auch Äste in spitzen Astwinkeln stammeben absägen kann. Das Sägeblatt sollte sich zum Einstellen des Sägeblattwinkels mit einfachem Druck auf den Griff verstellen lassen und umgekehrt durch nachlassenden Druck wieder spannen. Optimal ist eine Sägeblattlänge von 30 bis 40 cm.

Bäume und Sträucher verschönern jeden Garten

Schwertsägen haben keinen Bügel zum Spannen des Blattes. Deshalb muß dieses wesentlich stabiler und gröber gezähnt sein. Schwertsägen zum Einklappen, mit einem Gürtelköcher zur Aufbewahrung, eignen sich besonders gut für Arbeiten auf der Leiter. Sägen mit Stangenhalterung ersparen bei kleineren Bäumen die Leiter.

Pflegetips für Obstbäume

Einige Maßnahmen sind neben dem Schnitt nötig, um die Bäume gesund zu erhalten und eine gute Ernte zu fördern.

Düngen

Damit sich Obstbäume gut entwickeln, ist es wichtig, Nährstoffe in ausreichender Menge zuzuführen. Lassen Sie den Boden im Bereich der Kronentraufe und etwas darüber hinaus in einem Bodenlabor untersuchen. So können Sie gezielt und richtig dosiert düngen.

Düngezeitpunkt: Am besten im Frühjahr düngen, dann kommen die Nährstoffe der einsetzenden Blüten- und Fruchtentwicklung voll zugute.

Dünger: Nichts falsch machen kann man mit mineralischem oder organischem Volldünger. Aber auch mit Gesteinsmehl angereicherter Kompost leistet gute Dienste.

Düngetips: Den Boden der Baumscheibe an der Oberfläche lockern und gut wässern. Ist genügend Bodenfeuchte vorhanden, genügt Ausstreuen und leichtes Unterharken der Düngerkörner. Auf die richtige Dosierung achten! Als Faustregel: Nährstoffreichen, humosen Böden etwa ein Drittel weniger, armen Sandböden dagegen ein Drittel mehr Dünger verabreichen als angegeben. Da die Wurzeln großer Obstbäume sich über den Kronentraufbereich ausdehnen, sollte 1 bis 2 m über den Traufbereich hinaus gedüngt werden.

Hinweis: Im Kapitel Bäume wird beschrieben, wie Bäume, also auch Obstbäume, auf Rasenflächen mit flüssigen Nährstoffen versorgt werden können. Wird direkt auf den Rasen Düngergranulat ausgebracht, darf dies nicht im Frühjahr, sondern etwa zwischen November und März durchgeführt werden, damit die Nährstoffe genügend Zeit haben, den Rasen bis zur Wachstumsphase zu durchdringen und die Wurzeln zu erreichen.

Bodendecker und Mulchen

Die Vorteile des Mulchens und des Anpflanzens von Bodendeckern wurden bereits in dem Kapitel über Bäume erwähnt. Sie gelten selbstverständlich auch für Obstbäume.

Die beste Zeit für das Mulchen der Baumscheiben ist der Mai. Das im Frühjahr oder bereits im Spätherbst angefallene und mittels eines umweltfreundlichen, leise laufenden und schlagfreien Häckslers zerkleinerte Schnittgut ist nun schon etwas angerottet und eignet sich besonders gut für die Bedeckung der Baumscheibe.

Vor dem Auftragen einer 10 bis 15 cm mächtigen Mulchschicht sollten Sie den Boden oberflächlich lockern und bei Trockenheit wässern.

Als Bepflanzung für Baumscheiben haben sich eine große Zahl von Kräutern und Blumen, zum Beispiel Brennessel, Knoblauch, Petersilie, Kapuzinerkresse, Tagetes und andere, bewährt, die auch viele Schädlinge fernhalten.

Bewässern

In heißen trockenen Perioden während des Sommers ist das Bewässern Ihrer Obstbäume und Beerensträucher fast so wichtig wie das Düngen, denn die Krone eines mittelgroßen Obstbaumes verdunstet an heißen Sommertagen etwa 70 l Wasser. Bewässert wird in den Abendstunden, wenn die Verdunstung gering ist. Auf die Fläche im Bereich der Kronentraufe werden etwa 10 bis 15 l/m^2 gesammeltes Regenwasser oder einige Tage abgestandenes Leitungswasser mit Schlauch oder Kanne ausgebracht, bis der Boden gut durchtränkt ist.

Obstbaumkrankheiten und -schädlinge

An Obstbäumen ist eine große Zahl von Krankheiten und Schädlingen bekannt, jedoch nur wenige davon haben wirtschaftliche Bedeutung für den Obstertrag.

Monilia (Spitzendürre)

Pilzkrankheit bei Kern- und Steinobst. Junge Triebe und Blüten werden dürr. Die Früchte zeigen kreisförmigen Schimmelbefall auf braunem, fauligem Fruchtfleisch.
Bekämpfung: Alle befallenen Teile sorgfältig abschneiden, bis zurück ins gesunde Holz. Das Schnittgut anschließend verbrennen. Fallobst regelmäßig auflesen. Zu üppigen Fruchtbehang ausdünnen. Vertrocknete Früchte, sogenannte Fruchtmumien, im Winter entfernen. Meerrettichblätter- und -wurzeltee in die Blüte spritzen. Eventuell biologische Spritzmittel verwenden (im Gartenfachhandel erhältlich).

Monilia oder Spitzendürre

Echter Mehltau

Pilzkrankheit, die Blätter, Blüten und Triebspitzen von Apfel, Pfirsich und Quitten mit weißgrauen, puderartigen Belägen überzieht. Kann an zu dicht stehenden oder ungeschnittenen Bäumen großen Schaden anrichten, vor allem bei schwülwarmer, aber auch trockener Witterung.
Bekämpfung: Resistente Sorten pflanzen. Größere Abstände zwischen den Pflanzen einhalten. Baumscheibe gut lockern. Befallene Pflanzenteile, vor allem Triebspitzen, abschneiden und verbrennen. Jungpflanzen mit Ackerschachtelhalmbrühe oder Kamillentee besprühen.

Schorf

Pilzkrankheit an Apfel und Birne, teilweise auch an Pfirsich. Sie macht sich durch olivgrüne, später grauschwarze Flecken an Blättern und Früchten bemerkbar. Der Apfelschorf sitzt auf der Blattoberseite, der Birnenschorf an der Blattunterseite. Später trocknen die befallenen Stellen aus, und es bilden sich Risse an den Früchten.
Bekämpfung: Abgefallenes Laub aufsammeln und kompostieren. Auf die Baum-

Schorf kommt bei Apfel und Birne vor

scheibe reifen Kompost ausbringen. Den Boden mit Mulchmaterial abdecken. Schnittlauch auf die Baumscheibe pflanzen. Brennesseljauche, Ackerschachtelhalmbrühe oder Algenextrakte auf die Blätter sprühen. Eventuell ab Blütenbeginn bis in den Sommer hinein mit einem Bio-Präparat spritzen.

Feuerbrand

Gefährliche Bakterienkrankheit an Kernobst, die durch Insekten, Vögel und Wind übertragen wird und sehr schnell zum Absterben ganzer Bäume führen kann. Nach der Blüte im Frühling sterben an verschiedenen Stellen die Fruchtbüschel, Triebe oder Äste ab. Sie erscheinen wie verbrannt, daher der Name, fallen aber nicht ab. Aus befallenen Rindenpartien sondert sich bakterieller Schleim ab.
Bekämpfung: Erkrankte Pflanzenteile sofort entfernen und verbrennen. Befallene Rinde großzügig ausschneiden, dann mit Wundschutzmittel behandeln. Nach Befall im Vorjahr mit kupferhaltigen Mitteln vor und nach der Blüte spritzen. Jährlich nach der Blüte Befallkontrolle. Es besteht Meldepflicht (Pflanzenschutzamt)!

Frostspanner

Schädlingsbefall von März bis Mai an fast allen Obstgehölzen. Fraßschäden, die durch kleine grüne Raupen verursacht werden, treten an Blüten, Blättern und Knospen auf, außerdem an jungen Früchten von Apfel, Birne und Kirsche.
Bekämpfung: Ab Oktober Leimringe um den Stamm und den Befestigungspfahl anlegen, damit das flügellose Weibchen am Hochkriechen gehindert und die Kopulation unterbunden wird. Vernichten der Raupen durch Sprühen eines sonst ungefährlichen Bakterienpräparates aus *Bacillus thuringiensis.* Vogelnistkästen aufhängen.

Frostspanner

Schildläuse

Die verschiedenen Arten von Schildläusen saugen an der Rinde und verursachen dadurch Wachstumsstörungen und Verkrüppelungen. Sie sitzen meist in größerer Zahl an Stämmen, Ästen und Zweigen von Zwetschge, auch von Apfel und Birne.
Bekämpfung: Der Schaden ist meist bedeutungslos. Dennoch empfiehlt sich, die Läuse abzubürsten. Auch mehrmaliges Spritzen mit Wurmfarnbrühe hilft.

Apfelwickler

Das Weibchen dieses Schmetterlings legt einzelne Eier an Blätter und Früchte von Kernobst (vor allem an Apfel). Die schlüpfenden Raupen fressen sich durch bis zum Kerngehäuse der Frucht. Der Kot ist klein, bräunlich und sägemehlartig. Befallene Früchte reifen vorzeitig und fallen ab.
Bekämpfung: Vogel- und Fledermauskästen anbringen, um die natürlichen Feinde zu fördern. Rainfarn- oder Wermuttee im Juli spritzen. Abgefallenes Obst sofort aufsammeln, sonst wandern die Raupen auf nicht befallene Früchte. Ende Mai Wellkartonhindernisse um den Stamm befestigen. Den Karton samt darin verborgener Raupen verbrennen. Rindenschuppen und -spalten mit rauher Bürste abbürsten.

Beerenobst schneiden

Der Pflanzschnitt erfolgt bei Beeren kurz nach der Pflanzung.

- Die Ruten von Himbeere und Brombeere werden auf etwa 50 cm über den Boden zurückgenommen, damit der Austrieb von Jungtrieben begünstigt wird.
- Johannisbeeren und Stachelbeeren werden bis auf 4 bis 5 starke Triebe ausgedünnt.
- Krautige Beeren wie Erdbeere oder Heidelbeere haben keinen Pflanzschnitt nötig.

Im Laufe ihres Lebens müssen Beerensträucher dann gelegentlich geschnitten werden, um im Inneren der Sträucher genügend Licht zu schaffen und das alte abgetragene Holz zu entfernen – an jungen Trieben gedeihen die besten Früchte. Geschnitten werden die Pflanzen entweder unmittelbar nach der Ernte oder nach dem Blattfall im Winter.

Pflanzschnitt bei Johannisbeeren

Johannisbeeren

Entfernt werden alle älteren Triebe, die an der dunkleren Rinde erkennbar sind. Man schneidet entweder direkt über dem Boden oder über einer Verzweigung eines Jungtriebes. Störende, schwache und nach innen wachsende Ruten werden ebenfalls entfernt. Stehen bleiben 8 bis 10 kräftige, gut verteilte Jungtriebe, die eine helle Rinde aufweisen.

Stachelbeere

Der Strauch erhält einen ähnlichen Schnitt wie die Johannisbeere. Altes, abgetragenes Holz wird über dem Boden geschnitten. Übrig bleiben etwa 8 bis 12 starke, gut verteilte, nach außen zum Licht gerichtete jüngere Triebe.

Himbeeren

Bei dieser Beerenart werden gleich nach der Ernte die alten Tragruten, die im Sommer Früchte trugen, in Bodenhöhe abgeschnitten. Wurzelschößlinge werden von Hand ausgerissen. Pro Meter bleiben 10 der kräftigsten einjährigen Ruten stehen, die an Haltedrähten festgebunden werden. Als Stützhilfe dienen zwei verzinkte Drähte, die man in 80 und 160 cm Höhe parallel verlaufend an Pfosten befestigt.

Johannisbeere nach dem Pflanzschnitt

Die gleiche Konstruktion in doppelter Ausführung, mit einem Abstand der Pfosten von jeweils 30 cm und jeweils einem Draht in 120 cm Höhe sowie an den Stirnseiten verlatteten Pfosten, ist ebenfalls möglich. Die Ruten werden bei dieser Bauweise zwischen den beiden horizontal verlaufenden Drähten gehalten.
Auch eine einfachere Konstruktion mit nur zwei Pfählen und jeweils einer Querlatte, an deren Enden die Haltedrähte angebracht werden, ist oft ausreichend.

Brombeeren
Nach der Ernte Ende August werden alle alten, abgetragenen Ranken in Bodennähe abgeschnitten. Pro Stock läßt man 4 bis 8 kräftige Jungtriebe stehen. Sie werden, mit Hilfe einer ähnlichen Stützkonstruktion wie bei den Himbeeren, gut verteilt an Spanndrähten festgebunden. Der Abstand der Drähte beträgt hier 30 cm.

Erdbeeren
Die Erdbeere bildet immer wieder Ausläufer, die regelmäßig abgeschnitten werden müssen. An der Pflanze beläßt man sie nur, wenn sie zur Vermehrung bestimmt sind. Wird das Schneiden unterlassen, entwickeln sich nur wenige kleine Früchte, da ein großer Teil der Wuchskraft von den noch nicht tragenden Ausläufern verbraucht wird.
Großfrüchtige einjährige Erdbeeren werden nach der Ernte radikal beschnitten, d. h., man schneidet alle Blätter und Stiele bis auf etwa 6 – 8 cm über dem Boden ab. Kranke und abgestorbene Teile entfernt man vollständig.
Bei immertragenden Erdbeersorten werden nur einige der alten, verbrauchten Blätter ausgelichtet. Bei einem Radikalschnitt würden auch die frischen Jungtriebe abgeschnitten werden, was die Ernte sehr schmälern würde.

Mulchen mit Stroh oder halbverrottetem Kompost ist bei Erdbeeren und allen anderen Beerenarten ein wichtige Pflegemaßnahme.

Beeren düngen

Die Nährstoffversorgung darf bei Beeren nicht vernachlässigt werden. Hier einige wichtige Düngeregeln:

- Beerenpflanzen werden im Herbst mit Frischkompost versorgt, der mit Stroh oder Holzhäcksel abgedeckt wird.
- Ende Februar wird der Mulch entfernt und allen Beerensträuchern reichlich reife Komposterde verabreicht.
- Im Fachhandel sind auch spezielle, auf die Ansprüche der Beerensorten abgestimmte organische Dünger erhältlich. Sie können ebenfalls Ende Februar ausgebracht werden.
- Nach dem Ende der Blüte bis etwa einen Monat vor der Ernte können Sie mit pflanzenstärkenden Jauchen und Brühen gießen.
- Erdbeeren dürfen gleich nach der Ernte nochmals gedüngt werden, da nun schon die Neubildung der Blüten für das kommende Jahr einsetzt. Ausgereifter Kompost eignet sich bestens dafür.

Krankheiten und Schädlinge bei Beerenobst

Bei Beerenobst können Krankheiten und Schädlinge auftreten, die sich deutlich ertragsmindernd auswirken. Dazu gehören:

Himbeer-Rutenkrankheit

Pilzkrankheit, die sich durch rotbraune bis violette Flecken an jungen Ruten und um die Knospen herum bemerkbar macht. Die Rinde blättert ab, und die Triebe brechen leicht.
Bekämpfung: Abgetragene Ruten sofort nach der Ernte bodennah abschneiden und verbrennen. Bestand gut auslichten. Boden mulchen und im Mai mit Rainfarntee gießen. Für ausreichende, gleichmäßige Wasserzufuhr sorgen. Eventuell mit kupferhaltigen Mitteln spritzen und bei Mißerfolg Standort wechseln.

Brombeergallmilbe

Der Befall führt zu nur partiell, aber auch komplett zu hellrot gefärbten Beeren, die nicht ausreifen, hart sind und sehr sauer schmecken.
Bekämpfung: Abgeerntete Triebe sofort entfernen und vernichten. Nach dem Schnitt im Herbst mit Rainfarntee spritzen. Boden mit Laubkompost abdecken.

Mehltau bei Erdbeeren

Pilzkrankheit an den Blattunterseiten, welche rötlich erscheinen und mit einem weißen Belag überzogen sind. Die Blätter krümmen sich nach oben, die Früchte bleiben klein, hart und sind nicht mehr zu verwenden.
Bekämpfung: Bei Befall die ganze Pflanze verbrennen. Schachtelhalmbrühe spritzen. Nicht zu dicht pflanzen und auslichten.

Mehltau bei Stachelbeeren

Pilzkrankheit, die besonders nach kalten Wintern bei feuchter Witterung auftritt und auch bestimmte schwarze Johannisbeersorten befallen kann. Im Frühjahr zeigt sich ein weißlicher, filziger Belag auf Blättern, Triebenden und Früchten, der nach und nach braun wird. Die Früchte können nicht mehr verzehrt werden.
Bekämpfung: Sofort alle kranken Teile entfernen und verbrennen. Regelmäßig schneiden und auslichten. Im Herbst alle Triebspitzen um 10 cm kürzen. Vor dem Austrieb eine Brühe aus Brennessel, Rainfarn und Schachtelhalm spritzen.

Grauschimmel an Erdbeeren

Pilz, der die Beeren faulen läßt und mit einem dichten grauen Schimmelbelag überzieht. Der Pilz tritt auch an Himbeeren und Weintrauben auf.
Bekämpfung: Befallene Beeren entfernen. Im Frühjahr nicht mit Stickstoff düngen. Knoblauch zwischen die Kulturen setzen. Pflanzen und Beete im Frühjahr und Herbst mit Ackerschachtelhalmbrühe übergießen. Durch sorgfältiges Auslichten für eine gute Durchlüftung und Lichtdurchlässigkeit sorgen.

Beim Schneiden von bedornten Ranken sollte man Arbeitshandschuhe tragen, um schmerzhaften Verletzungen vorzubeugen.

Profitips für die Gartenpraxis

Gartenarbeit soll Spaß machen, selbst wenn der Garten intensiv genutzt wird. Daß man dann pro Quadratmeter und pro Jahr etwa 1,5 Stunden Arbeit rechnet, darf einem die Freude nicht verderben. Es kommt nämlich darauf an, wie man seine Arbeitskraft einsetzt, vor allem aber auch welche Hilfsmittel einem die Arbeit erleichtern. In den einzelnen Kapiteln dieses Buches finden Sie viele Hinweise auf geeignete Gartengeräte und deren Pflege. Die folgenden Tips sind als Ergänzung und Abrundung gedacht. Alles zusammen soll Ihnen die Gartenarbeit erleichtern und Ihre Freude am Garten noch steigern.

Ordnung spart Zeit

Ordnung halten, das klingt gar nicht nach Freude und Arbeitserleichterung. Und doch wird beides damit erreicht. Denn Sie sollen nicht mehr arbeiten oder gar den Garten mit Lineal und rechtem Winkel generalstabsmäßig ausrichten, sondern zur rechten Zeit das Richtige tun. Das spart nicht nur Zeit und Arbeit, ermöglicht auch, manches im Garten sinnvoller zu verwerten.

Pflanzenpflege mit System

Unzählige Handgriffe sind nötig, damit Pflanzen gut gedeihen. So manche Pflegemaßnahme können Sie sich ersparen, wenn Sie geschickt vorgehen. Hier einige Beispiele:

Kranke Pflanzen: Kontrollieren Sie regelmäßig Ihre Pflanzen. Dadurch erkennen Sie frühzeitig Krankheiten und Schädlingsbefall. Schneiden Sie dann sofort kranke Pflanzenteile großzügig ab, läßt sich so

Ein schöner und gut gepflegter Garten ist der Wunsch aller Hobbygärtner

manche Pflanze vor dem Kümmern oder gar Absterben bewahren. Außerdem vermeiden Sie auf diese Weise den Einsatz massiver, womöglich chemischer Pflanzenschutzmittel, was nicht nur der gesamten Umwelt, sondern auch ganz speziell Ihrem eigenen Garten zugute kommt.
Wenn Sie dann noch die kranken Pflanzenteile umgehend entsorgen, verhindern Sie eine mögliche Übertragung der Krankheit oder des Schädlings auf gesunde Pflanzen.
Wichtig: Die Teile gehören in den Sondermüll. Wo es erlaubt ist, sollte man sie gleich verbrennen.
Rasen: Wenn Sie den Rasen regelmäßig und immer vor der Samenbildung schneiden, besitzen Sie mit dem Rasenschnitt ein ausgezeichnetes und vor allem (sehr wichtig!) unkrautfreies Mulchmaterial.
Schneiden Sie regelmäßig mit der Gartenschere oder dem Rasentrimmer die Rasenkanten, so vermeiden Sie, daß ausläuferbildende Gräser in angrenzende Beete oder Rabatten wandern und von dort mühsam wieder entfernt werden müssen.

Mit einem Hochdruckreiniger sind Wege und Treppen leicht sauberzuhalten

Kontrollierte Ausbreitung: Manche Pflanzen erobern sich durch Ausläufer und Samen Plätze, die man ihnen gar nicht zugestehen möchte. Unkontrolliertes Ausbreiten verhindern Sie ohne Aufwand, indem Sie Ausläufer bei Stauden (wie Maiglöckchen) oder Gehölzen (wie Essigbaum) rechtzeitig abstechen. Bei Gewächsen, die leicht aussamen, unterbleibt eine unerwünschte Aussamung, wenn Sie die Samenstände oder die verwelkten Blüten abschneiden. Bei vielen Blumen fördert diese Maßnahme zudem noch die Blütenbildung bzw. eine zweite Blüte.

Reinigungsarbeiten
Hierbei soll der Garten nicht blitzeblank geputzt werden, so daß Insekten und Vögel Reißaus nehmen, weil sie weder Unterschlupf noch Nahrung finden. Doch Holz, Stahl oder Kunststoff, aus denen viele Gegenstände, wie Pergolen, Rosenbögen, Zäune oder Bänke bestehen, müssen gelegentlich gereinigt und gepflegt werden. So erfüllen sie viel länger ihre praktische oder dekorative Funktion. Auch wer vermooste Steine liebt, sollte dennoch das Moos von schattigen Wegen oder Treppen entfernen. An trockenen Tagen und erst recht nach einem Regen kann man darauf nämlich sehr leicht ausrutschen.

Der Gartensauger schafft problemlos Ordnung in allen Gartenbereichen

Geräte aufbewahren

Daß Rechen, Harken oder ähnliche Geräte nicht mit den Zinken nach oben im Garten herumliegen dürfen, weiß wohl jeder. Die »Bekanntschaft«, die beim Darauftreten der Fuß mit den Zinken und der Kopf mit dem Stiel macht, hat nämlich schmerzhafte, oft sogar gefährliche Folgen. Unordnung beim Aufbewahren von Gartengeräten birgt nicht nur Verletzungsgefahren in sich, sondern kostet Zeit fürs Suchen und womöglich Geld für neue Geräte, weil die alten in den Tiefen eines unübersichtlichen Schuppens verschwunden sind.
Wie viel Ärger erspart man sich doch, wenn man im Fachhandel ein Aufhängesystem erwirbt, das an einem trockenen, luftigen Platz mit Dübeln an der Wand montiert wird. Damit sind die Geräte sicher, platzsparend und stets griffbereit.
Unentbehrliche Ordnungs- und Sicherheitshüter sind natürlich auch Kabeltrommel und Schlauchwagen. Sie sorgen für eine längere Lebensdauer von Kabel und Schlauch und verhindern, daß diese sich als gefährliche Fußangeln durch den Garten schlängeln.

Geräte und ihre Wartung

Eine ganze Reihe von Gartengeräten werden per Hand bedient. Worauf man bei ihnen achten sollte, damit sie leicht und kräfteschonend zu handhaben sind, wurde in den vorangegangenen Kapiteln erklärt. Noch leichter sind manche Arbeiten mit einem motorbetriebenen Gerät zu bewerkstelligen, zum Beispiel mit einer Akku-Grasschere oder einem Häcksler. Letzterer erweist sich als besonders nützlich, wenn im Garten viel Sträucher- oder Baumschnitt anfällt. Das mühelos gehäckselte Holz kostet Sie nichts, hat aber als Mulchmaterial für die Pflanzen einen hohen Wert.

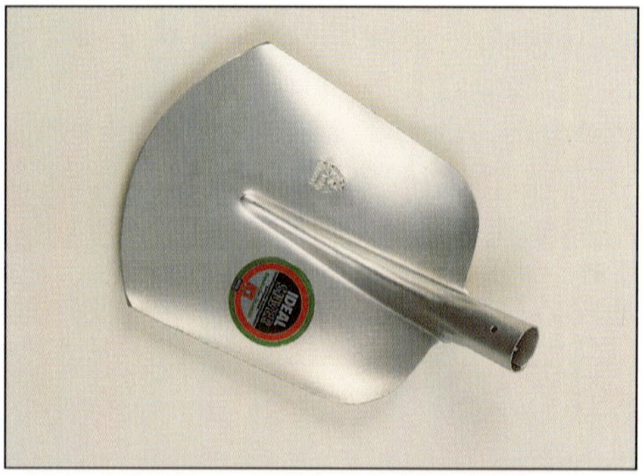

Qualitätsschaufel für jeden Zweck

Umweltfreundlich kaufen: Bei der Anschaffung motorbetriebener Geräte spielt heutzutage nicht nur die Qualität eine gewichtige Rolle, sondern auch die Umweltfreundlichkeit der Geräte. Informieren Sie sich im Fachhandel! Kaufen Sie nie irgendein billiges Gerät, für das es oft keine Ersatzteile gibt oder das gar röhrt wie eine alte Baumaschine und damit die ganze Nachbarschaft rebellisch macht.
Die Hersteller von motorbetriebenen Markengeräten bemühen sich mit Erfolg um eine umweltfreundliche Konstruktion ihrer Geräte, halten Ersatzteile bereit und führen bei Bedarf sachgemäß Wartung und Reparaturen aus.

Geräte warten

Benutzen, Reinigen und Aufräumen, das ist eine alte Gärtnerregel, die für alle Geräte gilt, ob hand- oder motorbetrieben.
Handgeräte sollten Sie gleich nach dem Gebrauch mit Wasser und einer rauhen Bürste, Drahtbürste oder Spachtel abschrubben und mit Zeitungspapier trocknen. Um Rostansatz zu vermeiden, bewahrt man sie trocken und luftig auf.
Zu Beginn des Winters reiben Sie alle Teile aus Metall dünn mit Öl ein. Es bildet einen schützenden, geräteschonenden Film.

Motorbetriebene Geräte aller Art werden ebenfalls nach Gebrauch gründlich gesäubert. Aber Vorsicht: unbedingt vorher ausschalten! Bei Elektrogeräten den Stecker oder Akku herausziehen! Bei Maschinen mit Verbrennungsmotoren den Zündkerzenstecker ziehen! Halten Sie die vom Hersteller empfohlenen Wartungsintervalle ein, zum Beispiel den Ölwechsel bei Viertaktmotoren von Rasenmähern oder Luftfilter- und Zündkerzenwechsel. Auch das sachgemäße Aufladen von Akkus nicht vergessen.
Kontrollieren: So wie Sie regelmäßig Ihre Pflanzen inspizieren sollten, sind auch von Zeit zu Zeit Kontrollen der Wasser- und Elektroleitungen nötig. Prüfen Sie, ob Leitungen, Lampen, Steckdosen und so weiter einwandfrei funktionieren und unversehrt sind. Bei allem, was im wahrsten Sinne des Wortes unter Strom steht, ist natürlich äußerste Vorsicht geboten. Im Zweifelsfall unbedingt den Fachmann zu Rate ziehen!
Den Winter nutzen: Der Winter, diese für den Hobbygärtner wenig arbeitsintensive Zeit, ist für das Schleifen von Spaten, Hacken, Scheren und Messern bestens geeignet. Gehen Sie dabei sehr sorgfältig vor. Achten Sie zum Beispiel beim Rasenmäher darauf, daß die Messer gleichmäßig geschliffen sind, da sonst Unwuchten zu Geräteschäden und schlimmstenfalls zu Verletzungen führen können.
Nicht vergessen: Vor dem ersten Frost müssen Wasserleitungen vollständig entleert werden, ebenso frei stehende Wasserbecken – beides kann durch gefrorenes Wasser bersten.

Ein Leisehäcksler zerkleinert schnell und problemlos den Gehölzschnitt

Gerätereparaturen

Selbst bei perfekt gepflegten und gewarteten Geräten wird sicher früher oder später einmal eine Reparatur fällig. Wenn dieser Fall eintritt, sollen Sie sich den volkstümlichen Rat »Was du heute kannst besorgen, verschiebe nie auf morgen« zur eisernen Regel machen. Denn nichts ist ärgerlicher, als beispielsweise kurz vor dem Sommerurlaub mit einem stotternden, spotzenden Rasenmäher dazustehen. Man wußte schon seit Wochen, daß mit dem Gerät irgend etwas nicht stimmt. Nun ist der Rasen überfällig und kann nicht warten, bis Sie zurückkommen, die Reparatur dauert jedoch zwei Wochen. Wenn man Glück hat, leiht der Nachbar einem seinen Rasenmäher, dieser ist leider nur handbetrieben. Hat man Pech, hängt auch noch der Familiensegen schief. Die Folgen von Woche zu Woche hinausgeschobener Reparaturen sind natürlich nicht immer gleich so dramatisch, aber es reicht ja auch schon, wenn man mit einem Rechen, dessen Stiel abgebrochen ist, Laub zusammenfegen muß. Wenn Sie die anstehende Reparatur sofort ausführen oder das Gerät, wenn nötig, vom Fachmann richten lassen, ersparen Sie sich immer Ärger.

Garantieleistung: Überprüfen Sie bei defekten Geräten immer erst, ob der Schaden nicht unter die sogenannte Garantie fällt. Dafür am besten stets den Garantieschein samt Kassenzettel aufheben.

Vorsicht mit Selbermachen. Geschickte Hobbygärtner bringen fast jedes Gerät – ob motor- oder handbetrieben – wieder zum Laufen oder Funktionieren. Mit der Eigenraparatur verlieren Sie aber bei manchen Herstellern die Haftungsgarantie. Wenn Sie dann doch die Hilfe des Herstellers brauchen, müssen Sie auch in der Garantiezeit und meist sogar bei Materialfehlern die Reparatur voll bezahlen. Wägen Sie also vorher ab, welcher Weg der preisgünstigste ist, das Selbermachen oder die Reparatur durch den Fachmann.

Sicherheit bei der Gartenarbeit

Gartenarbeit ist gesund. Aber Ausnahmen bestätigen auch die Regel. Nicht immer kommt es zu Unfällen und Verletzungen, weil ein Hobbygärtner die einfachen Grundregeln der Sicherheit nicht beachtet hat. Doch da die Hälfte aller Unfälle sich in der Freizeit ereignet, in der ja auch die Gartenarbeit ausgeführt wird, sollte man seiner eigenen Sicherheit und damit seiner Gesundheit schon ein wenig Aufmerksamkeit schenken.

Bei der Kleidung fängt es an: Dem Wetter und der Tätigkeit angepaßte Kleidung ist unerläßlich. Sie soll immer so eng anliegen, daß flatternde Teile nicht an einem Gerät hängenbleiben können oder gar in eine Maschine gezogen werden. Beherzigen Sie unbedingt folgende Sicherheitstips:

- Tragen Sie beim Rasenmähen immer Schuhe mit Stahlkappen. Sie verhindern so schlimme Verletzungen, die passieren können, wenn man auch nur ein paar Sekunden unaufmerksam ist.
- Tragen Sie immer dann einen Augenschutz, wenn Geräte Erde, Schnittgut oder Steine fortschleudern können.
- Tragen Sie einen Gehörschutz (Schutzwatte oder -stöpsel oder ähnliches), wenn Motoren sehr laut sind. Sie lindern so die Belastung für Ihr Gehör.

Arbeitshandschuhe: Es ist eigentlich schwer zu verstehen, warum so viele Menschen sich standhaft weigern, diese schützenden und gar nicht unbequemen

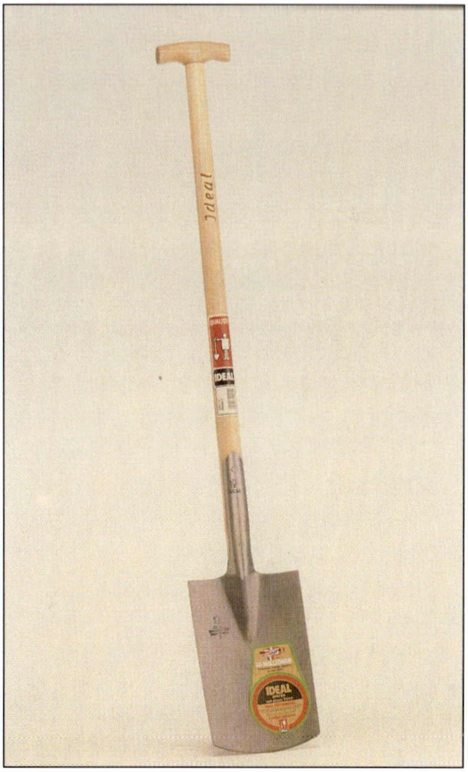

Bei diesem Qualitätsspaten ist das Blatt aus einem Stück Spezialstahl geformt

Handschuhe zu tragen. Unglaublich schnell kann man sich doch beim Abstellen eines Pflanzkübels einen Finger quetschen, beim Hantieren mit der Schere in den Ballen schneiden. Durch Heckenscheren, Rasenmäher, Häcksler, Fräsen und andere Geräte, die über extrem scharfe Schneiden verfügen (müssen), haben sich schon viele Menschen schwere Verletzungen zugezogen. Seien Sie klug, schützen Sie Ihre Hände mit Arbeitshandschuhen! Man gewöhnt sich schnell daran und kann alle Arbeiten mit einem sicheren Griff erledigen.

Rund um die Sicherheit: Hier noch einige kurze Tips aus unterschiedlichen Bereichen der Gartenarbeit:

- Beachten Sie bei allen Artikeln, die Sie im Garten verwenden (Geräte, Pflanzenschutz- oder Düngemittel und so weiter), die Gebrauchsanleitung und die Warnhinweise des Herstellers.
- Motorbetriebene Geräte, bei denen während der Benutzung Störungen auftreten, sofort ausschalten. Stecker aus der Steckdose oder den Zünkerzenstecker sofort ziehen. Den Nachlauf der beweglichen Teile beachten!
- Bei Elektrogeräten darauf achten, daß die mitgeführten Kabel nicht in das Gerät gelangen oder sich an Kanten aufscheuern. Nach jedem Gebrauch das Kabel überprüfen!
- Nur Leitern verwenden, die das TÜV-Sicherheitszeichen tragen.
- Bevor Sie auf einen Ast klettern, überprüfen Sie unbedingt seine Tragfähigkeit.
- Bereits bei einer Arbeitshöhe von 2 m sollten sich unsichere Personen mit einem Gurt absichern.
- Der Erste-Hilfe-Kasten ist ein Muß für jeden Hobbygärtner.

Geld sparen

Das kann man im Garten auf vielerlei Weise. Die meisten geldsparenden Maßnahmen sind wirklich ganz einfach. Hier einige Beispiele:

Bei den Pflanzen kann man sehr sparen. Nicht etwa, wenn man weniger kauft oder alle selbst zieht. Das Spargeheimnis liegt vielmehr an der standortgerechten Pflanzung. Je besser man die Ansprüche der Pflanze erfüllt, um so länger wird man an ihr Freude haben und um so weniger muß man neue Pflanzen kaufen.

Auch wenn man eine bestimmte Art unbedingt will, sollte man sich im Fachhandel nach deren Sorten erkundigen. Es gibt zum Beispiel Sträucher, bei denen die reine Art rasch hoch und ausladend wächst. Davon kann es aber Sorten geben, die langsam wachsen und kompakt bleiben, also möglicherweise viel besser an den vorgesehenen Platz passen als die Art selbst.

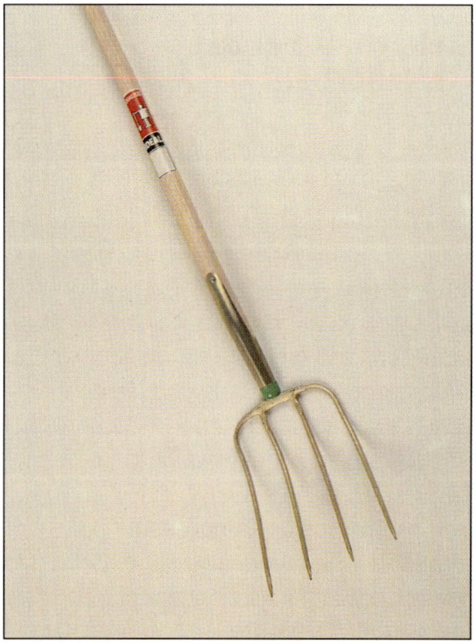

Ob Spaten oder Kompostgabel, bei allen Gartengeräten spart man Geld und Kraft, wenn man beim Kauf auf gute Qualität achtet

Sicherheit für Kinder

Für Kinder ist der Garten ein Lebensraum, in dem sie sich sicher fühlen. Sie spielen nach Herzenslust und machen sich keine Gedanken darüber, was alles passieren könnte. Neugierig probieren sie alles aus, schauen gespannt zu, was die Fräse für schöne Muster in den Boden treibt. Und sie möchten natürlich bei allem mitmachen.
Binden Sie Ihre Kinder ruhig in die Gartenarbeit ein. Viele Kinder bepflanzen und pflegen ihr eigenes Beet mit Geduld und Erfolg.
Doch halten Sie Kinder unerbittlich von Geräten fern, an denen sie sich verletzen können. Dies gilt vor allem für Geräte mit scharfen Schneiden. Bewahren Sie alle Geräte, Pflanzenschutzmittel (auch die biologischen) und alles andere, was für die Kleinen gefährlich sein könnte, unbedingt so auf, daß es für Kinder (und auch für Haustiere!) unerreichbar ist.

Pflanzenschutzmittel können eingespart werden, wenn man sogenannte resistente oder tolerante Sorten pflanzt. Bei Kopfsalat, Stachelbeeren oder Rosen muß man nicht, wie einst, Verluste durch Mehltaubefall hinnehmen. Es gibt zahlreiche mehltauresistente Sorten davon im Handel.
Regenwasser sammeln spart erhebliche Kosten für das Leitungswasser.
Düngemittel aller Art kann man einsparen, wenn man eine Bodenanalyse durchführen läßt; die Ergebnisse ermöglichen, in der richtigen Menge zu düngen.
Nachbarschaftshilfe kann auch sparen helfen, wenn man teure Geräte gemeinsam anschafft. Um Ärger zu vermeiden, sind aber genaue Absprachen sinnvoll.

Rundum informiert

Das Werden, Wachsen und Vergehen der Pflanzen im Garten strahlt Beständigkeit aus, daß so mancher vergißt, sich ein wenig um die sich wandelnden Erfahrungen und Entwicklungen im Gartenbereich zu kümmern. Ein Garten bietet so viele neue Erlebnismöglichkeiten, die man je nach Temperament voll ausschöpfen, aber auch sachte angehen kann.
Bücher, Gartenzeitschriften, Prospekte und Schriften von Fachfirmen, Organisationen, kommunalen oder staatlichen Einrichtungen, Ausstellungen, Messen und Gartenschauen bieten kompetente Sachinformationen, aus denen jeder sich das für ihn Passende herauspicken kann.
Pflanzenliebhabergesellschaften, Volkshochschulen und Fachinstitute wie die DGA (Deutsche Gartenakademie) bieten für Hobbygärtner Weiterbildungskurse.
Das Hobby Garten muß also nicht am eigenen Zaun enden, es bringt auch Menschen zusammen, die etwas sehr Schönes gemeinsam haben: die Freude am Garten.

Ordnung im Garten kann so natürlich wirken wie dieser aufgeräumte Kompostplatz

Kursangebote für Hobbygärtner
Deutsche Garten Akademie
Postfach 10 01 56
70745 Leinfelden-Echterdingen

Info für Kleingärtner
Bundesverband Deutscher Gartenfreunde
Steinerstr. 52
53225 Bonn-Beuel

Biogartentips
Abtei Fulda
Nonnengasse 16
36037 Fulda

Arbeitsgruppe Biogarten
Birnbaum
CH-3436 Zollbrück

Arche Noah
Postfach 139
A-3500 Krems

Bund für Umwelt und Naturschutz
Im Rheingarten 7
53225 Bonn

Österreichischer Naturschutzbund
Haus der Natur - Schloß Arenberg
Arenbergstr. 10
A-5020 Salzburg

Gartentelefone
Gartentelefon Veitshöchheim
Tel.: 0130/8197-09

Gartentelefon Weihenstephan
Tel.: 08161/714541

Pflanzenliebhabergesellschaften

Deutsche Dendrologische Gesellschaft
Hawstr. 28
54290 Trier

Deutsche Dahlien-, Fuchsien- und
Gladiolengesellschaft
Drachenfelsstr. 9a
53177 Bonn

Gesellschaft der Heidefreunde
Lütjenmoor 66
22850 Norderstedt

Deutsche Rhododendron-Gesellschaft
Marcusallee 60
28359 Bremen

Gesellschaft der Staudenfreunde
Dörrenklingenweg 35
74629 Untersteinbach/Hohenlohekreis

Verein Deutscher Rosenfreunde
Waldseestr. 14
76530 Baden-Baden

Register

ISBN 3-8166-9875-1

Redaktion: Redaktionsbüro Renate Weinberger, München
Satz und Herstellung: Handmade Werbeagentur, München
Fotos: Robert Bosch GmbH:
12 r. o., l. u., 20, 21, 45 l., r., 46, 59 r. u., 68, 77, 86 l., r., 88
Idealspaten-Bredt/vma: 7, 8, 9 r., 10, 38 l. u., 87, 89, 90
Dr. Ulrich Zunke:
72, 80 r., 81
Alle anderen Fotos: **Wolfgang Redeleit**, Bienenbüttel
Zeichnungen: Archiv/Erik Stegemann:
27 o., u., 31 o., u., 59 o./**Horst Lünser:** 36, 43, 47, 53 o., u., 73 l., r., 75, 82 l., r./**Gerhard Scholz:** 62, 63

Gesamtkonzeption:
Buch und Zeit Verlagsgesellschaft mbH,
D-50677 Köln

016540297X7 2635 4453 6271

Die Autoren und ihre Beiträge

Jürgen Böhringer:
Kletterpflanzen pflanzen und pflegen
Bäume, Obstbäume, Beerenobst pflegen
Hecken für den Garten
Heckenschnitt
Tips für die Heckenpflege

Dr. Clemens Heynen:
Gartenböden umweltgerecht pflegen
Rasen richtig pflegen
Gartenelemente umweltgerecht gestalten
Dekorative Beläge für Wege

Engelbert Kötter:
Blumen richtig pflegen
Gemüse und Kräuter pflanzen und pflegen
Profitips für die Gartenpraxis
Versorgung mit Strom und Wasser
Sträucher und Hecken richtig pflegen
Wissenswertes über Gehölze
Tips für Kauf und Auswahl
Sträucher pflanzen
Sträucher pflegen
Sträucher schneiden